すきな映画を仕事にして

中野理恵

現代書館

すきな映画を仕事にして

まえがき

「製作の人は名を残し、興行の人はカネを残すが、配給の人は何も残さない」

映画の仕事に就いた直後の時期に、全日本洋画労働組合の緒方事務局長が言い、同じ頃、ハリウッド・メジャーの日本代表の一人が、

「日本に赴任して、映画に最も相応しい表現を知った。〈ミズショウバイ（水商売のことと思う）〉である」と言っていた。

四〇年以上、その〈何も残さないミズショウバイ〉を仕事にしてきてしまった。振り返ると、毎日がお祭り騒ぎのように慌ただしく過ぎ、喧嘩ばかりした恥をかきっ放しの仕事人生であり、多くの方々に迷惑をかけお詫びと感謝しかない。本書はその恥かき人生の記録である。

ドキュメンタリー専門のウェブマガジン『neoneo』の伏屋博雄編集長からのお誘いで、二〇一五年から三年間、〈すきな映画を仕事にして〉を標題に、連載を書く機会をいただいた。本書は、その連載に加筆修正した内容である。自分やスタッフの記憶、映画のチラシやプログラムなどの資料や手帳を参照してはいるのだが、もしかすると間違いがあるかもしれない。本書をお読みになり、気づいた点があったら、ご指摘いただけると有り難いです。

目次

第Ⅲ章　さまざまな出会い（二〇〇一年〜二〇一八年）……145

第I章　始まりは『ハーヴェイ・ミルク』

（一九八八年〜一九九五年）

一　オカマのリョウキ殺人？

『ハーヴェイ・ミルク』との出会い

ハーヴェイ・ミルク*という人物をご存知だろうか。

ゲイであることをアメリカ、いやおそらく世界でも初めてカミングアウトして、全米初の市政執行委員（日本にはないシステムで住民によって選ばれる。行政側から政治を監視する役目を担う）となった、同性愛者のみならず、マイノリティに対する差別撤廃に尽力した政治家である。だが、委員就任一年にも満たない一九七八年、同僚委員による凶弾に倒れてしまった。今日、その名はＬＧＢＴＱ*の権利運動の象徴として、世界に知られている。

そのハーヴェイ・ミルクの活動と暗殺事件、そしてその裁判の行方を追った、ロバート・エプスタイン*監督によるドキュメンタリー映画、〝The Times of Harvey Milk〟*というタイトルのこの作品は、一九八五年のアカデミー賞で最優秀長編記録映画賞を受賞したほか、世界各地の映画賞を受賞した傑作である。

この映画こそ、最初に配給を手掛けた映画である。出会いはまったくの偶然だったが、その後の私の人生を変える一本となった。

〝The Times of Harvey Milk〟（邦題『ハーヴェイ・ミルク』）は、一九八六年暮れから翌年にかけて滞在したニューヨークで、親しくなった現地在住の日本人から、「よ

＊ハーヴェイ・ミルク（Harvey Bernard Milk）
アメリカの政治家、ゲイの権利活動家（一九三〇年―七八年）。七七年、同国で初めて自らゲイであることを明らかにしてサンフランシスコ市の市政執行委員選挙に立候補し当選。七八年、同僚委員ダン・ホワイトにより、ジョージ・マスコーニ市長とともに同市庁舎内で射殺された。

＊LGBTQ（エルジービーティーキュー）
LはLesbian、GはGay、BはBisexual、TはTransgender、QはQueerを指す。

＊ロバート・エプスタイン（Robert Epstein）
現在はRob Epsteinと名のっている。米国のドキュメンタリー映画監督、プロデューサー。一貫してゲイをテーマに作品を発表。『ハーヴェイ・ミルク』以外に『セルロイド・クローゼット』（九七年）、『刑法175条』（二〇〇〇年）など。

かったよ！」と聞いていた映画である。私はニューヨークに行く直前まで、映画の輸出入配給を手掛けるフランス映画社に勤務して一二年目になっていた。一方、プライベートではウーマン・リブ*の運動に参加し、その活動の一環として、女性用の手帳を単独で企画していた時期でもあった。

ニューヨーク市内の書店で、新しい手帳やダイアリーの参考資料を探していた時、陳列されていた多くのダイアリーの中に、ハーヴェイ・ミルクの写真が掲載されたものが目に入ってきた。プロデューサーのリチャード・シュミーセン*さんの連絡先も記載されており、住所はニューヨークのマンハッタン。私が滞在していたのもまさにマンハッタンだった。興味を持ってすぐに電話をすると「映画を見せるから来ないか」と言うので、その足で向かう。リチャードさんの事務所は、片側の端に立つと、一方の端に置いてある家具がかすむほど広いワンルームだった。そこで迎えてくれたリチャードさんは、いかにも誠実そうなドイツ系アメリカ人だった。

さっそく部屋の片隅のソファに座り、テレビ画面で見せてもらう。全編英語なので内容は半分どころか、ほとんど理解できなかったが、七〇年代のサンフランシスコの開放的な雰囲気の中で、精力的に活動するハーヴェイ・ミルクの人懐っこさや、彼と共に活動する人々の活き活きとした動きが伝わってきた。ハーヴェイ・ファイアスタインによる、擦(かす)れた野太いナレーションも印象的である。偶然、アメリカに同性愛の高校生のために〝ハーヴェイ・ミルク・ハイスクール〟ができた、というような小さ

＊"The Times of Harvey Milk"
邦題『ハーヴェイ・ミルク』アメリカ映画・一九八四年製作＝八八年九月三〇日日本公開。監督：ロバート・エプスタイン。

＊ウーマン・リブ
Women's Liberation の略語。一九六〇年代にアメリカを皮切りに世界に広がった女性解放運動。日本での動きはアメリカでの影響を受けて発生したとの説が流布しているようだが、そうではなく六〇年代のベトナム反戦運動や、全共闘運動の中で女性の役割が、後方で食事作りなど、男性に奉仕する形であったことへの抗議から発生したものであり、全く日本独自の流れである。

＊リチャード・シュミーセン (Richard Schmiechen)
『ハーヴェイ・ミルク』のプロデューサー（一九四七年—九三年）。

な新聞記事を日本で読んだことを覚えていたとはいえ、ハーヴェイ・ミルクその人については知らなかったので、映画で描かれていた内容は新鮮だった。

見終わると、リチャードさんは「これは愛の映画だ」と一言。日本で上映したいと

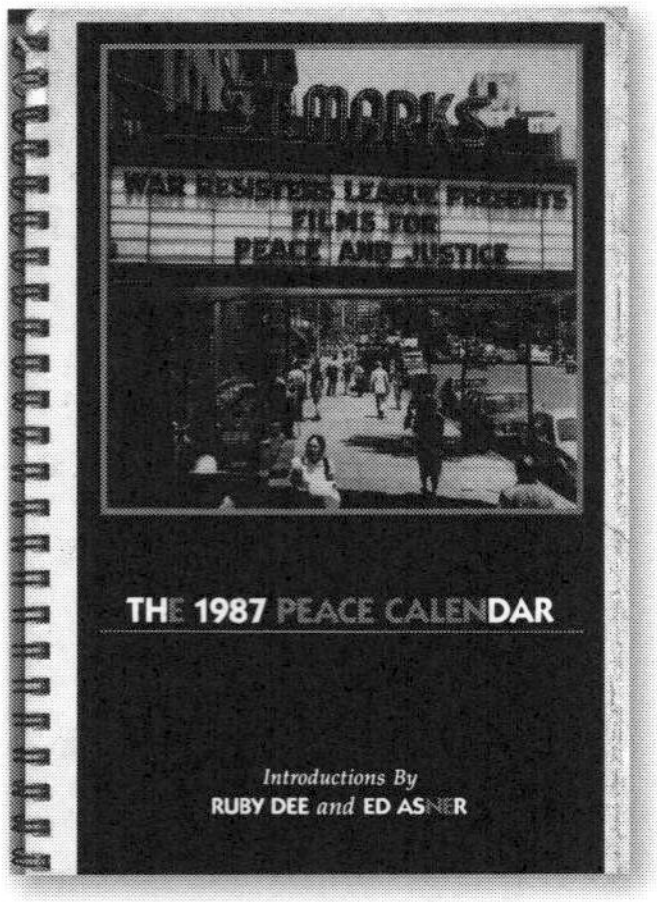
ST. MARKS
WAR RESISTERS LEAGUE PRESENTS
FILMS FOR
PEACE AND JUSTICE
THE 1987 PEACE CALENDAR
Introductions By
RUBY DEE and ED ASNER

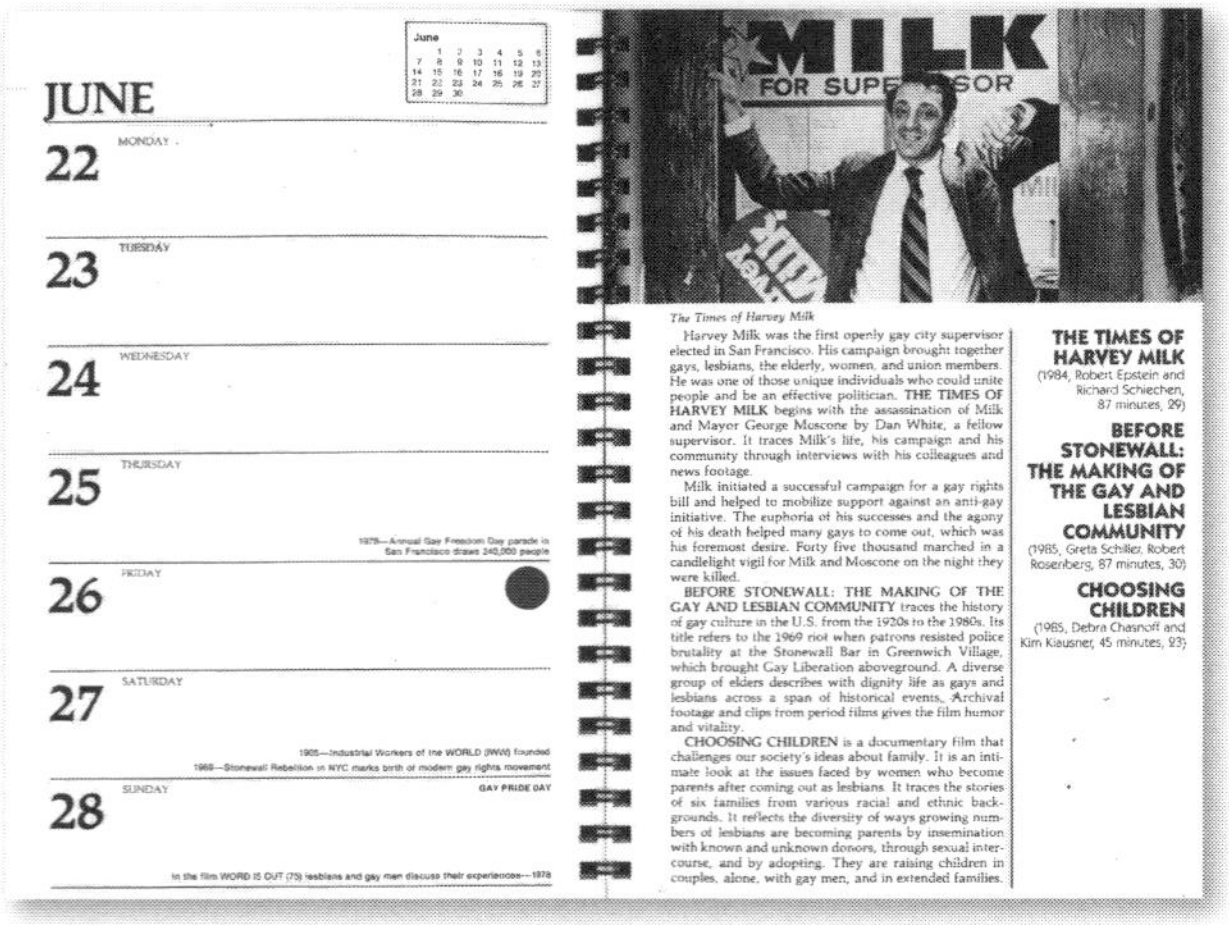
June
JUNE
22 MONDAY
23 TUESDAY
24 WEDNESDAY
25 THURSDAY
1978—Annual Gay Freedom Day parade in San Francisco draws 240,000 people
26 FRIDAY
27 SATURDAY
1905—Industrial Workers of the WORLD (IWW) founded
1969—Stonewall Rebellion in NYC marks birth of modern gay rights movement
28 SUNDAY
GAY PRIDE DAY
In the film WORD IS OUT (75) lesbians and gay men discuss their experiences—1978
MILK
FOR SUPERVISOR
The Times of Harvey Milk
Harvey Milk was the first openly gay city supervisor elected in San Francisco. His campaign brought together gays, lesbians, the elderly, women, and union members. He was one of those unique individuals who could unite people and be an effective politician. THE TIMES OF HARVEY MILK begins with the assassination of Milk and Mayor George Moscone by Dan White, a fellow supervisor. It traces Milk's life, his campaign and his community through interviews with his colleagues and news footage.
Milk initiated a successful campaign for a gay rights bill and helped to mobilize support against an anti-gay initiative. The euphoria of his successes and the agony of his death helped many gays to come out, which was his foremost desire. Forty five thousand marched in a candlelight vigil for Milk and Moscone on the night they were killed.
BEFORE STONEWALL: THE MAKING OF THE GAY AND LESBIAN COMMUNITY traces the history of gay culture in the U.S. from the 1920s to the 1980s. Its title refers to the 1969 riot when patrons resisted police brutality at the Stonewall Bar in Greenwich Village, which brought Gay Liberation aboveground. A diverse group of elders describes with dignity life as gays and lesbians across a span of historical events. Archival footage and clips from period films gives the film humor and vitality.
CHOOSING CHILDREN is a documentary film that challenges our society's ideas about family. It is an intimate look at the issues faced by women who become parents after coming out as lesbians. It traces the stories of six families from various racial and ethnic backgrounds. It reflects the diversity of ways growing numbers of lesbians are becoming parents by insemination with known and unknown donors, through sexual intercourse, and by adopting. They are raising children in couples, alone, with gay men, and in extended families.
THE TIMES OF HARVEY MILK
(1984, Robert Epstein and Richard Schiechen, 87 minutes, 29)
BEFORE STONEWALL: THE MAKING OF THE GAY AND LESBIAN COMMUNITY
(1985, Greta Schiller, Robert Rosenberg, 87 minutes, 30)
CHOOSING CHILDREN
(1985, Debra Chasnoff and Kim Klausner, 45 minutes, 23)

ニューヨークで見つけた、ハーヴェイ・ミルクの写真が掲載されていたダイアリー

告げると、スイスにある海外セールス会社の連絡先と担当者名をメモして寄越す。日本で上映するということは、日本配給権を取得することになるので、外国と交渉をしなければならない。だが、外国映画の日本における配給契約の事務作業の経験こそあったとはいえ、交渉の経験はなかったので、不安があったのだが、スイスにあるエージェントとの交渉は問題なく進んだ。まさか自分自身で配給を手掛けるなど、ニューヨークに行った当初は思いもよらなかったのに、あまりにもトントン拍子に進み信じられない思いがしたほどだ。

だが、案の定と言おうか、その後は公開劇場の決定から、字幕付け、宣伝——と、公開までの道のりはとても順調とはいえないものだった。

困難の始まり

映画配給の最も重要な業務の一つは公開劇場を決めることである。これが難しい。こちらが公開を望む映画館の支配人（あるいは編成担当者）に映画を見てもらって、公開してもらえるかどうか判断してもらう。第一希望の劇場が駄目なら、あるいは条件が合わなければ次の劇場に、それが駄目なら三番目に……と、何人もの担当者に何か月もかかって見てもらっても、なかなか決まらない〈放浪の旅〉が続くことも多い。『ハーヴェイ・ミルク』の場合も一度で決まったわけではない。私は〈シネ・ヴィヴァン・六本木〉*での公開を第一候補に考えて、編成担当者に映画を見てもらった。シネ・ヴィ

＊シネ・ヴィヴァン・六本木
一九八三年『パッション』（ジャン＝リュック・ゴダール監督、フランス映画社配給）でオープンし、九九年に閉館した六本木にあったアート系映画館。

ヴァン・六本木は、当時の日本では上映機会の少ないヨーロッパの監督作品を上映するなど、映画上映の新しい動きをつくっていたから、新しいテーマやドキュメンタリーの上映にも挑戦してくれるのではないかと思ったのである。その頃までは『ある映画監督の生涯　溝口健二の記録』（一九七五年／新藤兼人監督）、『東京裁判』（八三年／小林正樹監督）、『ゆきゆきて、神軍』（八七年／原一男監督）などの一部の例外を除き、ドキュメンタリーを上映する映画館はないに等しかった。

編成担当者にはすぐに見てもらえたのだが、「テレビ的だから」との理由で断られた。ところが、彼女は私には何も言わずに、池袋西武百貨店内にあったフリースペースの〈スタジオ200〉*に上映しないかと話をしてしまったのである。「断りもなく勝手に」と思いもし、正直なところ、映画が小さくなってしまったような気持ちになったのも事実だ。映画館ではないし、期間も限定的である。シネ・ヴィヴァン・六本木だったら、間違いなく動員もいいのに、と思った。でも、フリースペースでの期間限定上映が客観的判断では相応しいのかもしれない、とあれこれ迷った末、〝好意〟を受け入れることにした。それにより、結果として、公開劇場を求めての〈放浪の旅〉に突入せず、日本でも陽の目を見ることができたのである。

だが、日本語字幕をつける作業が大変だった。何よりも、二つの表現、ハーヴェイ・ミルクがサンフランシスコ市で務めた〝supervisor〟と呼ばれる肩書きと、今では誰もが知る用語になっているが、彼がゲイであることを社会に公言したことを示す〝come

＊スタジオ200
大野一雄のコンテンポラリーダンスなどの公演にも使われていた多目的スペース。一九九一年に閉じた。

out"という語の邦訳をどうするかには、ほとほと困ってしまった。

思案に暮れていたところ、社会人になってから学士入学した二つ目の大学、法政大学第二法学部の恩師である高橋一修先生（英米法）が、映画を見て「素晴らしい。民主主義のお手本のような映画だ」と絶賛し、字幕を全編にわたり、つきっきりで、それこそ"supervise"してくださった。〈市政執行委員〉の訳語は、高橋先生の案である。

"come out"にはもっと困った。字幕には文字数制限があり、〈打ち明ける〉なども考えたが、文字数はいいとしても、公言のイメージがなく、他の適切な訳語も思いつかない。結果として、当時、アシスタントを務めてくれていた柳川由加里さんと話し合い、〈カムアウト〉と、そのままカタカナで字幕としたうえで、〈ゲイだと公言すること〉と加えた。それから30年後の今日、〈カムアウト〉あるいは〈カミングアウト〉は日常表現として、日本でもすっかり定着している。

二〇〇九年にこのドキュメンタリー映画に基づいて作られた『ミルク』*が日本公開された際、マスコミでの紹介記事には、『ハーヴェイ・ミルク』公開当時とは全く異なり、ゲイや同性愛の文字が何の抵抗もなく使われていた。言葉は歴史を背負っていると実感する。同性愛の人々が名実ともに表舞台を歩き始めている事実の証だと思う。

日本語字幕が終わると次は宣伝準備だ。受け取っていた宣伝用の写真が極端に少ないので、チラシを作成する段階で、思案投げ首の体でいたところ、嬉しいことに『草とり草紙』（八八年）の監督、福田克彦*さんと、パートナーでコピーライターの波多

＊『ミルク』（原題：Milk）
アメリカ映画・二〇〇八年製作＝〇九年日本公開。監督：ガス・ヴァン・サント、主演：ショーン・ペン。〇九年アカデミー賞最優秀主演男優賞ほか、受賞歴多数。

＊福田克彦（ふくだ・かつひこ）
ドキュメンタリー映画監督（一九四三年―九八年）。一九六八年に小川プロに参加し、『日本解放戦線・三里塚』以降、三里塚シリーズ六作で小川紳介の助監督を務める。山形に移住した小川プロから、七七年に独立し、三里塚に在住し、八ミリカメラでドキュメンタリー映画を作り続けた。主な作品に『映画作りとむらへの道』（七三年／一六ミリ）、『三里塚には三里塚の農業があり、木の根には木の根の風が吹く』（七九年／八ミリ）、『私の見つけた小麦粉』（七八年／一六ミリ、日清製粉のPR映画）など。著書に『三里塚アンドソイル』（二〇〇一年／平原社）などがある。

野ゆき枝さんが、映画に感動し、協力してくれた。ゆき枝さんがチラシの全体像を考え、彼女の知り合いのデザイナーがイラストとデザインを担ってくれた。キャッチコピーの《彼がこだわったのは　たったひとつ　Who am I ?》は、ウーマン・リブ運動を牽引した田中美津*さんが「いい映画ね」と言って、あごに右手を置きながらじっと考えてくれたものである。

オカマのリョウキ殺人?

「オカマのリョウキ殺人?」――これは当時、ある大手出版社発行の週刊誌の編集者が、「映画を見て、ぜひ取り上げてください!」とお願いした時に、発した言葉である。彼に限らず、マスコミの人たちに電話で『ハーヴェイ・ミルク』の内容を告げると、「同性愛?」とか「何それ?」といった反応がほとんどで、まともに相手をしてもらえず、同性愛への偏見のすさまじさには驚いた。つまり、宣伝のパブリシティ(広報活動のこと)が次に待っていた困難事項だったのである。

ゲイへの抵抗や偏見が強かったからか、ドキュメンタリーだったためか、アカデミー賞受賞作にもかかわらず、まず、試写を見てもらうために一苦労した。試写室を借りていては費用がかさむ。一計を案じ、広さ一〇畳ほどの当時の狭い事務所内での試写を敢行。柳町光男*監督から預かっていた一六ミリの映写機で、ポスターの白い裏地をスクリーン代わりにした。と書くと簡単のようだが、当時、事務所として借りていた

＊田中美津(たなか・みつ)(一九四三年—)。〈便所からの解放〉を書き、七〇年代の日本のウーマン・リブ運動をカリスマ的に牽引した。七五年、メキシコで開催された世界女性会議への参加を機に、かの地に四年余滞在。帰国後、鍼灸師として治療院〈れらはるせ〉を主宰している。著書に『いのちの女たちへ—とり乱しウーマン・リブ論』(現在は新版をパンドラで発行)、『自分で治す冷え性』(マガジンハウス)、『美津と千鶴子のこんとんからり』(木犀社)、『いのちのイメージトレーニング』(筑摩書房)など多数。

＊柳町光男(やなぎまち・みつお)映画監督(一九四五年—)。暴走族を撮ったドキュメンタリー映画『ゴッド・スピード・ユー! BLACK EMPEROR』(七六年)でデビュー。監督作に『十九歳の地図』(七九年)、『さらば愛しき大地』(八二年)、『火まつり』(八五年)、『チャイナシャドー』(九〇年)、『愛について、東京』(九三年)、『旅するパオジャンフー』(九五年)、『カミュなんて知らない』(二〇〇五年)など。

『ハーヴェイ・ミルク』©telling picture

木造二階建ての建物は、ギシッ、ギシッと軋む、急で不安定な階段を昇らなければならない。建物そのものが南側に傾いていたので、モノを机に置くと、コロコロと転がる。一階にあったトイレも壁にカビが浮き出た凄いものだった。地下鉄有楽町線の新富町駅から地上に出ると徒歩一分くらいで分かりやすいはずなのに、あまりに古くてみすぼらしいので、廃屋と間違えて通り過ぎてしまい、迷う人も一人や二人ではなかった。また昼間に試写をする場合には、窓に黒い布や紙を貼って光を遮断しなければならない。

当時、『東京タイムズ』*という新聞があり、その編集長だった中川六平さん（故人）がフリーライターになり、パンドラの事務所の入り口に机を置いていた。部屋を真っ暗にする時には、彼や、彼を訪ねてくる人は、事務所を出るか一緒に見るかの二者択一しかなく、前述した編集者もその一人だった。それにもちろん、素直で率直な反応ばかりではない。今でも覚えているのは、人づてに聞いて試写に来た障がい者の活動に関わっているという男性に、「なぜ、ゲイなのかが描かれてない」と、言われたことがある。「あなたはなぜ男性なのですかと問われたら、どう答えますか？」とすかさず相手に聞いたものだった。

一人だけのために映写機を回したことも一度や二度ではない。『日本経済新聞』文化部記者だった石田修大さんには事務所の隣にあった三畳ほどの物置に椅子一脚置けるだけの隙間をつくり、一人で見てもらった。ちなみにその三畳ほどの物置には、映画『白日夢』の脚本やプリント缶、帳簿やライトなどが雑然と置かれたままの状態だっ

＊『東京タイムズ』
首都圏を中心に発行されていた新聞（一九四六年―九二年発行）。

たのである。聞くとある有名監督が夜逃げした後なのだとか。もしかするとそれは武智鉄二[*]監督だったのかもしれない。アシスタントの柳川さんが、土日を含めてその都度、イヤな顔一つせずに映写をしてくれた。その柳川さんが、相手は中川六平さんだったと思うが、「このところは、夜で仕事が終わらないと、朝早く来ているんですよ」と、私の顔を見ながら話した時のうんざりした表情を、今でも思い出す。確かに、時によると朝八時前から出社していた。おそらく、周囲は呆れていたのだろうが、全く気が回っていなかった。

試写後は、誰もがすぐに帰らず、短くても一時間は事務所にそのまま残り、時にはお酒を飲みながら、感想を語り合った。傾いた木造の事務所でそのようにして合計三七回試写をした。「試写を見てほしい」と、しつこく売り込みの電話を掛ける私に、おそらく根負けしたのだろう、多くの編集者やライターの方々がわざわざ新富町まで（当時は有楽町線の終点で、新富町まで来ると乗客はまばらだった）足を運んでくれた。

いい作品は、いつかは人々に受け入れられる。『ハーヴェイ・ミルク』は当初はスタジオ２００で、一九八八年九月三〇日から一〇月二日までの三日間、合計八回上映されるだけの予定だったのが、一〇月四日と五日の一七時と一九時に追加上映された。さらに〈ユーロスペース[*]〉で同年の一二月二日から翌年一月二七日まで、連日二一時からアンコール上映、加えてスタジオ２００での再映にまで広がっていった。そしてこの配給で私はゲイのグループから〈Best People of The World〉として表彰されト

＊武智鉄二（たけち・てつじ）
映画監督、演劇評論家、演出家（一九一二年—八八年）。監督作『黒い雪』（一九六五年）で、わいせつ図画公然陳列罪で書類送検される。『定本武智歌舞伎 武智鉄二全集』（一九七八年—八一年／三一書房）など著書多数。

＊ユーロスペース
製作・配給会社である有限会社ユーロスペースが手がける、東京都渋谷区にある映画館。一九八二年に開館し、八〇年代のミニシアターブームの一翼を担う。開館時は桜丘町にあったが、二〇〇六年に円山町に移転した。

ロフィーをいただき、新宿二丁目のゲイバーでお祝いもしていただいた。
『ハーヴェイ・ミルク』は今年（二〇一八年）になってからも新宿K's cinemaで再公開されるなど、この三〇年の間に、上映はもとより、数回ビデオ・DVD化され、さらにNHKでも放送されて、長く人々に記憶される映画となっている。
日本での最初の公開から三〇年。『ハーヴェイ・ミルク』が、どうして多くの人を惹きつけ続けているのかについて、改めて考えてみた。ハーヴェイ・ミルク個人の魅力とスピーチの的確さ、そして、彼の活動への賛同と敬意を込めて映画をつくったスタッフの姿勢があげられると思う。ハーヴェイ・ミルクは希望を持つことの大切さを説いた。映画の終章に流れるのは、それを語り、今でも語り継がれているスピーチなので、一部をそのまま引用する。

I know that you cannot live on hope alone, but without it, life is not worth living.
（……）
希望だけで生きることができないことはわかっているが、希望がなければ生きている価値がないのだ（……）

全文ではないので十分には伝わらないかもしれないが、言葉の持つ力とでも表現したらいいだろうか。力強く訴えかけられ励まされるスピーチだ。『ハーヴェイ・ミルク』

と出会ったことは宝物ではないか、と今では思っている。

その後の『ハーヴェイ・ミルク』

一九九四年夏、友人たちとアメリカ西海岸を旅行しサンフランシスコにも立ち寄った。街を歩いていた時、突然、目の前にカストロ通り*（CASTRO）の赤地に白抜きの大きな看板が目に飛び込んできた。映画で何度も見ていたので、旧友にでも会ったような思いになり、少し坂道になっている通りを行きつ戻りつしたものだった。

それから約二〇年後の二〇一七年一一月二九日、永田町の参議院議員会館講堂で『ハーヴェイ・ミルク』の上映会が催された。参議院議員の福島瑞穂さんと、豊島区議会議員石川大我さんたちLGBT自治体議員連盟*の呼びかけに応えて、国会議員をはじめ、アムネスティで活動する人々など多くの人たちがやってきて満席になった。上映終了後、文京区議会議員の前田邦博さん（LGBT自治体議員連盟世話人である）、明治大学に在籍する学生の松岡宗嗣さん（MEIJI ALLY WEEK代表）、入間市議会議員の細田智也さんら当事者の若い男性三名と一緒に、来場者を前にトークを行った。それぞれの率直な体験を聞くと、前田さんは二七年前に、松岡さんはお母さんが『ハーヴェイ・ミルク』を見ていたと知り、驚くとともに嬉しく思った。細田さんは、まだ見ていないということで、後に、上映会を企画したいとの連絡を受け取っている。一九八八年当時のあれこれを思い起こすと、隔世の感がある。

＊カストロ通り
カリフォルニア州サンフランシスコのユリーカ・バレー近郊にあるカストロ通り（カストロ地区）は、ハーヴェイ・ミルクが暗殺されるまでカメラ店を開いていた場所で、同性愛者達が集まる地域として知られ、今日ではLGBTQコミュニティのシンボル的存在の一つとなっている。

＊LGBT自治体議員連盟
二〇一七年七月、性的指向と性自認に関する施策を推進するために、LGBT当事者の自治体議員五名（石川大我豊島区議、上川あや世田谷区議、前田邦博文京区議、石坂わたる中野区議、細田智也入間市議）で発足。

ウィキペディアで〈1988年の日本公開映画〉を検索すると、その時代を代表する映画のタイトルが並んでいる。『ラスト・エンペラー』(ベルナルド・ベルトルッチ監督)、『八月の鯨』(リンゼイ・アンダーソン監督)そして大好きなキューブリック*監督の『フルメタル・ジャケット』などと並んで、九月公開の項に『ハーヴェイ・ミルク』が掲載されている。一六ミリのドキュメンタリーなのに、と正直なところ驚いた。しかもリンクのないタイトルも多いのに、きちんと作品情報のページにリンクされ、「日本では1988年9月　池袋のstudio200で初公開された(パンドラ・カンパニー配給)」と説明がある。ちなみに今は単に「パンドラ」と称しているが、当時の社名は「パンドラ・カンパニー」であった、と懐かしく思い出した。

二　映画との出会い

子どもの頃

映画についての最も幼い頃の記憶は、村の神社のお祭りの際に、境内で見た映画である。一九五〇年代の夏のことだ。当時の流行りは『新諸国物語』シリーズなどのチャンバラ映画で、里見浩太朗や大川橋蔵、中村錦之助などのスターが登場する。中でも『赤胴鈴之助』は忘れない。

「けーんをとっては日本一の　ゆ～ぅめは大きな少年剣士　お～やはいないが元気な

＊スタンリー・キューブリック (Stanley Kubrick)
アメリカの映画監督(一九二八年—一九九年)。五三年、『恐怖と欲望』で監督デビュー。後にアメリカの製作システムを嫌ってイギリスに移住。『博士の異常な愛情』(六四年)、『時計じかけのオレンジ』(七一年)、『バリー・リンドン』(七五年)、『シャイニング』(八〇年)など、さまざまな題材を完璧主義で作り上げた。

素顔　よ〜わい者には味方する　おぉおっ　がんばぁ〜れ、つぅよいぞ　僕らの仲間あっかっどぉおお　すずのすけ」。今でも歌える。〈素顔〉なのか、〈笑顔〉なのかは定かでなく、「お〜やはいないが」を、しょっちゅう「〜いないな」と間違えながら、近所の子どもたちと大声で歌った。伊豆半島の片田舎、静岡県田方郡伊豆長岡町の温泉街から離れた農村地帯。日曜日の午後になると、ラジオからは低い男性の声で*『尋ね人の時間』が流れていた。育ったのは、母方の祖父の後に父が住職を務めていた日蓮宗の寺院・長岡山宗徳寺で、道のどん詰まりにあり、裏庭はそのまま山に続き、登りきった北の方向から大きく富士山が見下ろす。

*庫裏はだだっ広く、天井のない部屋もあり、高い屋根から冬は風が吹きこみ、蒸し暑い季節には百足が這い、雨の後には大量の虫が畳に落ちてくる。大人が立って歩ける太い梁には時には蛇も這い、そそっかしい青大将が天井から落ちてきたこともあった。また、来客も多く、時々、居候も暮らしていた。「今日はお客さんが来ないね」は禁句であり、家族の誰かがそう口にすると他の全員が「シー、ダメ！」と言う。するとたいていの場合、玄関のガラス戸を開ける音とともに「ごめんください」の声が聞こえてくるのだった。また近所の辻さんのお婆さんが、庫裡の敷地内に建つ七面堂に籠もったこともある。ある朝、雨戸を開けると、庭先の池の上に建つ七面堂に煙が立ち、布団が干してある。驚くと、辻さんのお婆さんが、「六月に死ぬから」と鍋釜布団を持ち込んで、暮らし始めていたのだった。つまり、家の敷地内に他人が暮らし

＊『尋ね人の時間』（たずねびとのじかん）
ＮＨＫラジオ番組の通称。正式名称は『尋ね人』。第二次世界大戦により行方不明になった人々の氏名や特徴などの書かれた手紙をアナウンサーが読み上げて、本人や知人からの連絡を待つ内容だった。

＊庫裡（くり）
寺院で僧侶の居住する場所を指す。

始めたようなものだ。では、いよいよ六月になったらどうだったか。「田植えで皆が忙しいからやめて八月にする」、八月になると「モノが腐る時期だから」と死ぬのをやめ、そのうちに七面堂暮らしもやめ、それから数年後の二月に亡くなったのはご自宅だった。

さて、小学校に入学すると、学校の講堂の床に座り年に数回映画を見た。そのなかで『つづり方兄妹』(五八年/久松静児監督)と『にあんちゃん』(五九年/今村昌平監督)はよく覚えている。『にあんちゃん』は、炭鉱町の風景が珍しかったことと兄妹の仲の良さが記憶に残り、原作者の安本末子の名を今でも覚えているほどだから、よほど印象深かったに違いない。

『風と共に去りぬ』(三九年＝五二年公開/ビクター・フレミング監督)を見たのは小学校三年生だったと思う。母に連れられて、姉と三人で埃の舞う沼津街道を一時間近くバスに揺られて沼津まで出かけ、沼津スカラ座(だったと思う)の長蛇の列に並んだ。座席ではなく、スクリーンの後ろから入り、姉と私の手を母が握って、背後にあるスクリーンを見ていた記憶が残っている。どうしてそのようなことが可能だったのは分からないが、満席であろうとも「見たい」一心の母が思いついた苦肉の策だったのだろう。『十戒』(五六年/セシル・B・デミル監督)、『ベン・ハー』(五九年/ウィリアム・ワイラー監督)も同じ頃に見た。ソビエト映画『戦争と平和』(六七年/セルゲイ・ボンダルチュク監督)は映画館の後方で、もちろん立見だった。ラッシュ時の電車の中にいるような状態で、背伸びをして母と見ているうちに、気分が悪くなり、母を置いて一人で出てきてしまったが、主演のリュドミラ・サベーリエワの名前と顔は忘れない。『釈迦』（六一年／三隅研次監督）を見た祖父は、北林谷栄が自分の髪を切って寄進する場面で、「ハサミを使うのはオカシイ。あの時代にハサミはなかったはずだ」と口にしていた。

　祖父母を始め大人たちの会話にしょっちゅう〈ムシャさん〉と〈ゴシさん〉という名前が出てきた。〈ムシャさん〉が作家の武者小路実篤*であり、〈ゴシさん〉が五所平之助*監督のことだと知ったのは、ずっと後だった。〈ムシャさん〉の描いた絵が裏庭に建つ祖父母の暮らす隠居所に飾ってあったような記憶があるのだが、どうだったろう。弟はその絵画を、祖父が、マッサージをしてくれた人にお礼にあげていたのを見た、と言っている。古川ロッパ*が、我が家のどこかに座っていたのを見た記憶も、うっすらと残っている。付き合いのいわれは、断片的でしか知らないが、映画を好きになったのは、育った環境と少なからず関係していると思う。

　映画ではないが、子どもの頃の出来事で最も記憶に残っているのは、一九五八年九月二六日夜から翌二七日未明にかけて伊豆半島北部を襲った〈狩野川台風*〉である。天城山*に源流を発する狩野川が大雨のために各所で決壊し、大勢の人が亡くなり家を失った。通っていた小学校は自衛隊の駐屯地となり、休校は数か月間に及んだ。小学校の近くにあった祖父の弟子が住職を務める寺院が、遺体安置所の一つになり、毎日

＊武者小路実篤（むしゃのこうじ・さねあつ）
白樺派の作家、詩人、画家、劇作家（一八八五年―一九七六年）。小説に『お目出たき人』『友情』『人間万歳』『真理先生』など多数。

＊五所平之助（ごしょ・へいのすけ）
映画監督、脚本家（一九〇二年―八一年）。二五年、『南島の春』で監督デビュー。日本初の国産トーキー映画『マダムと女房』（三一年）の監督として有名。俳人としても知られる。

＊古川ロッパ（ふるかわ・ろっぱ）
俳優、エッセイスト（一九〇三年―六一年）。喜劇役者として舞台、映画で活躍。同時期に活躍した榎本健一と人気を二分し、「エノケン・ロッパ」と称される。

のように祖父が出向いて行っていた。一か月ほど後に、姉に連れられて伊豆箱根鉄道線で三島まで行った時に見た光景は、今でも忘れることはできず、思い出すたびに涙が溢れる。ゆっくりと慎重に走る電車が原木駅を過ぎ函南駅に至る手前の蛇橋*に差し掛かると、前方に広がる田方平野に稲穂はなく、大きな池のようになっていて、お腹をパンパンに膨らませた牛が何頭も仰向けになり死んでいたのである。この台風は伊豆の人々の暮らしを一変させた。

『ウエスト・サイド物語』（六一年／ロバート・ワイズ、ジェローム・ロビンス共同監督）を姉と見たのは、中学一年生の時である。親しくしていた沼津市西浦木負（きしょう）のお寺さんの裏山にあったミカン農園に家族でミカン狩りに行った帰りだった。ジョージ・チャキリスのまっすぐ長く伸びた足、ナタリー・ウッドとリチャード・ベイマーのラブシーン。音楽も画面もずっと、ほんとうにいつまでも忘れられなかったほど素敵だった。中学校でも年に数回、体育館に座って映画を見た。その中に『風と共に去りぬ』もあったので、一二歳にしてすでに二回見たことになる。

高校はバスと電車を乗り継いで隣町の静岡県立韮山（にらやま）高校に通う。通称は〈ニラコウ〉。伊豆箱根鉄道線の韮山駅を降りると、北に美しい裾を長く引き、デンと座る大きな富士山と並行して田圃の間をまっすぐに走る道を、朝は高校生の列が延々と続く。周りは田圃と畑だけ。映画館などはなかったが、図書館に『キネマ旬報』はあった。戦前

＊狩野川台風（かのがわたいふう）
上陸時の気圧は九六〇ミリバール。静岡県伊豆半島の狩野川流域が甚大な被害を受けたことから命名。死者・行方不明者一二六九名、家屋全壊・流出約一万七千戸、床上・下浸水約五二万戸。この災害をうけ、田方郡伊豆長岡町に狩野川放水路が一九六五年に完成。

＊天城山（あまぎさん）
静岡県伊豆半島中央部に東西に連なる連山の事。天城連山とも呼称。日本百名山の一つである。

＊蛇橋（じゃがはし）
静岡県函南町の伊豆箱根鉄道線〈原木〉駅と〈伊豆仁田〉駅の間にある狩野川の支流にかかる橋の名称で、川そのものには名前はついていない。伊豆の蛭が小島に流された源頼朝が、ある時、三島大社に参拝の帰り、雨に降られ水が大量に流れていたため、渡ることができず困っていたところに、蛇が現れて橋になり、頼朝を渡してくれた伝説に由来する名称。

は旧制中学だったニラコウは女子生徒が極端に少なく、全校生徒の一〇分の一ぐらいだっただろうか。各学年の男女混合クラスは二クラスのみで、他の五クラスは男子だけである。私たちが入学したのはベビーブームの終わりの時期だったのだが、教室不足により、戦後数年間、使われていなかった旧制中学時代の寮を教室に転用していたためか、本校舎から離れた教室が二つあり、なぜか窓がなく、冬は吹きさらしになっていた。三島や熱海など都市部からの生徒が、函南町以南、伊豆長岡町も含めた田方郡や賀茂郡を、〈ヘキチ〉〈ヘキチ〉と呼んでいたのを懐かしく思い出す。

男子生徒の多くは下駄で通学していた。韮山駅からニラコウまでの道は雨が降ると、戦前から〈ぬったんぼ〉と呼ばれていたほど、ぬかるんだ。下駄は旧制中学からの伝統の継承だけではなく、ぬかるみ対策には好都合でもあったのだろう。そんなバンカラな校風の中で女子は埋もれていたが、校歌の「男子(おのこ)の気噴(いぶき)吹きあかれ」の部分だけ口をつぐむなど、他愛もないことをして、伸び伸びと楽しい高校生活を過ごし、男女の別なく長く続く友情を育んだ。数少ない女子の中で親しくなった映画好きの山田さんと、一緒に三島まで映画を見に行きたいと両親に頼んだところ、「子ども同士はダメ」と言われた。二人で行くと言ってもこうなので、一人で映画館に行くことなど、もってのほか。そんな時代だった。

名画座通い

大学入学を機に上京し、一人暮らしを始めた。進学したのは高田馬場にある早稲田大学教育学部。五校出願し四校受験。三校はあえなく桜散る（サクラチル）だったのだ。行き先があったことが嬉しくて「大学に入ったら今度は勉強するんだよ」と母が言いきかせるのに対して、泣きながら、「ウン」と言って上京したのだが、舌の根も乾かぬうちに、入学早々大学がロックアウト*になったのをいいことに、映画館通いを始めていた。大学近くの高田馬場パール座を筆頭に、新宿文化や蠍（さそり）座、新宿西口のパレス座、池袋文芸坐、渋谷全線座、飯田橋の佳作座。映画館に一人で行ってはならないとの親の監視から解放されたからだ。

大学時代に見た映画の中では、まず『肉弾』（六八年／岡本喜八監督）が新鮮だった。このように幻想的な映画があるのか、と自己表現としての映画を知って驚いたのである。『肉弾』を見なかったら映画を仕事にしようとは考えなかっただろう。『エロス＋虐殺』（六九年／吉田喜重監督）では、一柳慧*の音楽に魅了された。蠍座で見た『修羅』（七一年／松本俊夫監督）にはひたすら圧倒され、大島渚*監督の『儀式』（七二年）を見た後にはすぐに監督の著書を読んだ。その中に書かれていた言葉の一つ、「何でもいいから一流になりたかった」は衝撃的で、長く心の奥深くに刻まれた。大人になってからの職業については考えたことはあったのだが、人生の目標とでも言ったらいいのだろうか、そのようなことなど一度も考えたこともなかったからだ。大島監督

＊ロックアウト（lockout）
労働争議の際、労働者側のストライキに対抗して使用者側が工場などを封鎖して労働者を入れないようにする手法のこと。大学闘争の際、学生側がバリケードを築いて大学を占拠したことに対抗して、大学側が授業を放棄して学生を学内に入れないように封鎖したことを指す。

＊一柳慧（いちやなぎ・とし）
作曲家、ピアニスト（一九三三年─）。ジョン・ケージの紹介や自らの作曲・演奏活動を通し六〇年代以降の日本の現代音楽を牽引。『おとし穴』（六二年／勅使河原宏監督）、『戒厳令』（七三年／吉田喜重監督）など、映画音楽も手がける。

の著書で、もう一つ記憶に残った内容がある。書いた脚本を松竹の助監督仲間で互いに批評し合っていたことだ。目標を同じくする仲間がいることが羨ましかった。『儀式』を見て以後は、名画座で上映している大島渚監督作品を探しては見た。『ぴあ』創刊以前だったので新聞の情報欄やチラシが頼りだった。『愛と希望の街』『青春残酷物語』『絞死刑』『日本の夜と霧』『東京战争戦後秘話』『新宿泥棒日記』『少年』……。大島作品はどれも作りが端正であると同時に、政治性が前面に出ていた。『大島渚の世界』（七三年／佐藤忠男著／筑摩書房）を読み、分析して映画を味わう面白さも知った。日本映画以外では佳作座で見たキューブリック監督の『２００１年宇宙の旅』（六八年）が、刺激に満ちていた。『ツァラトゥストラはかく語りき』『美しき青きドナウ』などのクラシックの名曲の使い方もさることながら、人類はどこからきてどこに行くのか――映画は哲学もするのだと衝撃を受けた。

＊大島渚（おおしま・なぎさ）
映画監督（一九三二年－二〇一三年）。五四年に松竹に入社、『愛と希望の街』（五九年）で監督デビュー。篠田正浩や吉田喜重とともに松竹ヌーヴェルヴァーグの旗手と呼ばれる。六一年に松竹を退社し自らのプロダクション・創造社を設立。以後、『絞死刑』（六八年）、『儀式』（七一年）、『愛のコリーダ』（七六年）、『愛の亡霊』（七八年）、『戦場のメリークリスマス』（八三年）、『御法度』（九九年）など、数々の話題作を手がける。

差別と屈辱を味わった大企業女子準社員の頃

映画三昧の四年間が終り、一九七二年、新卒で就職したのは大手建設会社・竹中工務店だった。第一志望だった毎日新聞社はその年だけ新卒記者の募集がなく、就職浪人した場合、男子学生は再挑戦の機会を与えられたが、女子学生にはその機会が奪われていた。実際、同じ学部の男子学生の一人は翌年再挑戦し、定年まで記者として勤め上げている。そういえば、大学時代にマスコミを目指す学生の集まりがあり、その中で新聞記者志望の女子学生は私だけだった。多くの女子学生の志望は出版社の編集者だったのである。すると、やはり新聞記者を目指していた法学部の男子学生から、どんな記事を書きたいのかと聞かれたので、すかさず、「コラム記事を書きたい。料亭の前で張っていて出てきた政治家に『センセイ、今、会われた方は?』と取材したい」、と答えたら「志が低い」と軽蔑の眼差しを向けられたことがある。後に、それはトップ屋と呼ぶ、と知った。

「地元紙はどうか」と伯父が声をかけてくれたのを「ヤダ」と身の程知らずにも断り、新聞社は諦めて、近くの日本女子大に通う友人が、自分の大学には求人が少ないからとやってきたので、彼女と一緒に、早大の就職課に通って竹中工務店の求人票を見つけて応募した。そして二人共、入社試験に合格したのである。当時、四年制大卒女子を採用する企業は少なく、門戸を開いていたのは、教職、公務員、僅かのマスコミに金融機関くらいで、女子同級生の多くが結果として、外国語力を求められる外為(外国為替)のある金融機関に職を得ていた。

竹中工務店では人事部教育課に配属になった。現在では女性を積極的に活用している企業として、マスコミでも取り上げられることがあるようだが、当時は真逆であった。今でも忘れることができないほど、女性差別が大手を振ってまかりとおっていたのである。女性は準社員としての採用であり、正社員への登用試験は、男性の準社員にしか開かれておらず、準社員の定年は三六歳だった。正社員男性は、研修のために大阪にある会社の寮で一年間生活を送るのに対して、準社員である女性は入社前にペン習字の通信教育の資料を受け取り、入社後は、電話の応対訓練を一日受けるだけだった。女性の仕事は男性正社員の補助業務であり、給与も当然低い……。数え上げればきりがない。つまるところ女性は使い捨てなのだった。大学の求人票でそれを見破ることなどはできない。毎日のように、イヤというほど、〈女は男より能力が劣る〉と陰に陽に突き付けられ、〈お前は女性という名の無能人間だ、役に立たない〉と思うように仕向けられる。屈辱と性差別を実感した。つまり、大企業は男社会だという、この社会の現実を教えてくれたのである。「男は表に出ると七人の敵がいるというけど、女の敵は八人。男社会だ！」としょっちゅう口にしていた。しかしこの僅か一年十一か月の体験が、後の人生を決定づけてくれたのだから、むしろ感謝すべきことかもしれない。

入社直後、新入女子従業員全員参加による座談会が開かれ、入社志望理由を発表する機会があった。「会社に貢献したい」「自分の能力を試したい」などなど、誰もが立派な言葉を口にするなか、「食べるためです」と言ったのは私一人だった。

職場の女性の多くは、結婚相手を探すのが目的だと公言してはばからず、男性社員も若い女性従業員は自分たちとの結婚が目的だと承知しているようで、その鼻持ちならない態度は、もっともっと遥かにもっとイヤだった。社内には女性の幸せは結婚という雰囲気が蔓延していた。そのように育てられていなかったため違和感はあったが、すぐにはそれが言葉にならなかった。どのような環境にも適応できると考えていたからだ。予想もしない毎日である。同期入社の女性と一緒に待遇について人事課に抗議したところ、二人とも、別の部署に配置転換になった。「オンナのコの異動って滅多にないのよね」と、異動する私の背に向けて、タジマさんという先輩女性が冷ややかな言葉を浴びせた。

だが、竹中工務店では大切なことを学んだ。働くことの厳しさ、特に企業や組織の一員として働くことの辛さと厳しさである。当時はサラリーマンを〈ドブネズミ色のサラリーマン〉と揶揄する雰囲気が蔓延していたが、決してそう言ってはならないと心した。

失業を経て外国映画配給会社へ

一年半ほど経った頃だろうか、健康状態に変調をきたした。背中から腰にかけて痛みが走る。腎臓が動く「遊走腎（ゆうそうじん）」との診断で、背中にパラフィンを塗る治療を続けたのだが、一向に回復しない。秋になったある日、環境が合わないのではないか、と、突然気づき、一年と一一か月で竹中工務店を辞めた。すると、その日以来、痛みから解放されたのである。

失業保険を受給しながら、「今度は好きなことを仕事にしよう」と考え、映画の製作プロダクションや映画関連の出版社に電話を掛けた。当時の映画業界は不況だったためだろう、製作会社からは門前払いで、『キネマ旬報』の白井佳夫*編集長だけが電話の相手をしてくれ、「履歴書と、映画について書いたものを送ってください」と言う。映画について何か書いたことなどなかったので履歴書だけを送ると、ちょうど求人中だったフランス映画社の柴田駿（はやお）社長に紹介してくれた、というのが映画の仕事の道を歩むきっかけとなったのである。

実はその時まで映画配給という業種を知らなかったのである。失業期間一か月半を経て、フランス映画社に通勤し始めたのは一九七四年四月中旬だった。主に外国映画の日本国内配給に関わる経理を中心とする業務で、転職後の数年間は驚きと戸惑いの連続であったが、大企業で感じた違和感とは異なり、映画業界は〈水が合う〉とすぐに思った。

フランス映画社には大島渚監督が時折、現れていた。そもそも大島監督作品の海外セールスを手掛けていると知り、少しでも大島作品に関わりたいと思ったから面接を受けたのだった。

ある日、内容を覚えていないのだが、一斉に一五〇通ほどの郵便物を出さなければならないことがあった。料金別納郵便にするつもりだったのだが、副社長に一通ごとに切手を貼るように、と指示されたので、仕方なく一人でひたすら切手貼りをしていた時、大島監督が来訪された。すると「中野さん、切手はこうやって貼るんだよ」と、ミシン線に沿って切手を丁寧に折り、水を含んだスポンジにつけて貼り始める。名前

＊白井佳夫（しらい・よしお）
映画評論家（一九三二年―）。六八年から七六年まで『キネマ旬報』編集長。著書に『黒白映像日本映画礼讃』（九六年／文藝春秋）、『対談集 銀幕の大スタアたちの微笑』（二〇一〇年／日之出出版）他多数。

を呼ばれたのにも驚いたが、単純作業を手際よく、しかも終わるまで黙々と一緒にしていただいたことは忘れられない。

その後も意外な場面で助けていただいた。一九九五年、ロシアからアレクサンドル・ソクーロフ*監督が来日し、「大島さんに会いたい」と言うので、お願いしたところ、快く応じてくださった。玄関の上がり框から廊下に至るまで、お酒が入っているような到来物の箱がたくさん置いてあるご自宅で、小山明子さん*の手料理を御馳走になった。また、小川プロダクションについてのドキュメンタリー『Devotion　小川紳介と生きた人々』（二〇〇一年／バーバラ・ハマー監督）の取材で、インタビューに答えてくださった時には、小川プロの活動を短い言葉で的確に評価された。私の知る大島さんは頭脳明晰で周囲への気配りを忘れない誠実な方だった。

この時期のことで、触れておきたい本が一冊だけある。『いのちの女たちへ──とり乱しウーマン・リブ論』（七二年／田中美津著／田畑書店、現在はパンドラで新版を発行）である。転職から二、三年後だったと思うのだが、新宿御苑近くの書店・模索舎*で偶然見つけて、一気に読み終えた。全く予備知識なく読んだのだが、それまで表現できずにいたやり場のない思いに言葉が与えられ、一つ一つの言葉、一行一行の文章に「こういうことよ！　そうよ、それそれ」と頷いた。自己肯定の大切さ、背骨が形作られるような思いになった。マスコミを通してしか知らなかったウーマン・リブ

＊アレクサンドル・ソクーロフ（Aleksandr Sokurov）
ロシアの映画監督（一九五一年─）。全ソ国立映画大学の卒業製作『孤独な声』（七八年）がタルコフスキーから高く評価される。ソ連政権時代は監督作がことごとく公開禁止であったが、八七年のロカルノ映画祭で『孤独な声』が銅豹賞を受賞して以降、国際的な評価を得ていく。主な作品に『マリア』（八八年）、『日陽はしづかに発酵し…』（八八年）、『静かなる一頁』（九三年）、『精神の声』（九五年）、『モレク神』（九九年）、『牡牛座　レーニンの肖像』（二〇〇一年）、『エルミタージュ幻想』（〇二年）、『太陽』（〇五年）、『ファウスト』（一一年）など。

＊小山明子（こやま・あきこ）
女優（一九三五年─）。スカウトされて五五年、『ママ横をむいて』で俳優デビュー。六〇年に当時、松竹の助監督であった大島渚と結婚。女優業のかたわら、近年は介護をテーマとして講演活動や執筆なども行っている。

運動（以後、リブ運動と表記）が、この本との出会いで急に身近なものになった。それを機に『新しい女性の創造』（六五年／ベティ・フリーダン＊著／三浦富美子訳／大和書房）を始め、女性解放に関する本を手当たり次第に読んだ。そしてその後、七八年、映画『女ならやってみな』（七五年／デンマーク／メッテ・クヌードセン＆エリザベス・ライガード監督）の上映活動に短期間だが参加し、同じ言葉を話す女性たちと初めて出会った。どれほど嬉しかったことか。

初めてのニューヨーク行き

ところで、『ハーヴェイ・ミルク』と出会ったニューヨークに、短期間ながら暮らしていたのは、ひょんな理由からであり、特に計画や意図があったわけではない。初めてニューヨークに行ったのはその前年、一九八五年の夏、今から三三年前になる。友人二人がアメリカでの暮らしを選んでいた。一人はマンハッタンのニューヨーク大学の大学院で行政学を学ぶために、もう一人はバッファローにあるニューヨーク州立大学に入学するために、それぞれ日本での仕事を辞めて、数年単位の計画でアメリカに渡っていたのである。初めてのニューヨーク行きは、その二人に会うのが目的であった。

一〇代のころから、欧米よりどちらかと言えば、アジア、特に韓国に関心があった。それが、後に『ナヌムの家』（九五年／ビョン・ヨンジュ監督）、『豚が井戸に落ちた日』、（九七年／ホン・サンス監督）、『八月のクリスマス』（九九年／ホ・ジノ監督）などの

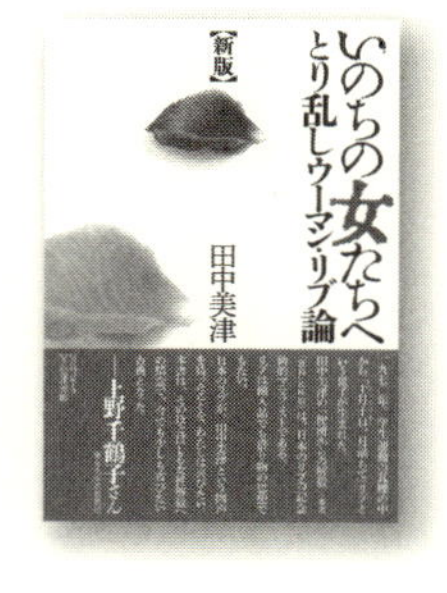

＊模索舎（もさくしゃ）
書籍の取次ルートを通さない自主流通書籍を中心に扱っている新宿にある書店。

＊ベティ・フリーダン（Betty Friedan）
アメリカのフェミニズム運動の草分け的人物（一九二一年―二〇〇六年）。著書に『新しい女性の創造』（The Feminine Mistique／日本語版発行は一九六五年／大和書房）。

韓国映画の配給を手掛ける源になっている。
ところが、さほど関心をもっていなかったのに、実際に訪れてみるとニューヨークは刺激に溢れ、すっかり日本には帰りたくなくなったほどだった。

初めてニューヨークに行った一九八五年当時は、同業他社の人たちと組合活動などを通じて親しくなり始めていた時期でもあった。

一九七〇年頃から一九八〇年代半ばごろまで、外国映画配給会社は東宝東和*、日本ヘラルド映画*、松竹富士*などのインディペンデント系配給会社に、ハリウッド・メジャー（ワーナーや二〇世紀フォックスなどのハリウッド映画の配給会社の総称）を加えても一〇社前後ではなかったかと思う。そのような同業の従業員同士の付き合いにより、『ジョーズ　JAWS』（七五年／スティーヴン・スピルバーグ監督）、『エイリアン』（七九年／リドリー・スコット監督）、『エレファントマン』（八〇年／デヴィッド・リンチ監督）、『エンドレス・ラブ』（八一年／フランコ・ゼフィレッリ監督）、『E.T.』（八二年／スティーヴン・スピルバーグ監督）を始め、数え上げられないほど多くのアメリカ映画を見ては、感想を語り合い、日本公開に至る裏話を聞いた。所属していた組合が、ハリウッド・メジャーの日本支社の従業員が所属する全日本洋画労働組合（全洋労（ぜんようろう））だったので、ハリウッド映画が多かった。今から四〇年ほど前になるだろうか。当時、日本で公開される外国映画はハリウッド作品が圧倒的に多く、他に

＊東宝東和
一九二八年に川喜多長政により設立された東和商事を前身とした長い歴史を持つ、外国映画輸入・配給会社。七五年に現在の社名に。『サスペリア』（七七年）、『エレファント・マン』（八〇年）などをヒットさせた。

＊日本ヘラルド映画
名古屋で映画館経営を行っていた古川為三郎と息子・古川勝巳が一九五六年に創業した配給会社。『エマニエル夫人』（七四年）『地獄の黙示録』（七九年）などをヒットさせた。二〇〇五年に角川映画に吸収合併。

＊松竹富士
松竹の子会社として一九五九年に設立された松竹セレクト国際映画を前身とする配給会社。八三年に社名変更し、九九年に解散。『戦場のメリークリスマス』（八三年）、『ラストエンペラー』（八七年）、『12モンキーズ』（九五年）などをヒットさせた。

は西ヨーロッパ、ソビエト連邦（以後、ソ連と表記）と中国映画も時々上映されていたが、現在とは大きく異なり、その他の国々の映画は、映画祭や特集上映など以外では、滅多に見る機会はなかった。

さて、一九七〇年代初頭は海外持ち出し外貨額に五〇〇ドルの制限があった時期であり、外国との契約処理は現在とはかなり異なっていた。

外国との役務提供契約には大蔵省日本銀行の許可を必要とし、その具現化である物品（フィルム）の輸入の際には、通産省に申請しなければならなかった。契約書に基づき、日本銀行への提出書類を作成し、日本銀行に通い、列に並んで延々と待ち、契約内容について説明し、やっと許可を得られる。日本銀行の窓口担当者は、金丸さんという大柄な男性だった。申請が通ると、次にはフィルムの輸入に移る。中年男性通産官僚の意地悪としか思えない質問に答え、やっとフィルム輸入許可を受け取れる。

その後、実際にフィルムを受け取るまでは、銀行と通関業者との交渉である。フィルム受け取りにはＣＯＤ（cash on delivery）方式が多かった。つまり代金との引き換えが条件なので、到着の連絡は銀行の外為課に届く。フィルムのリリース・オーダー（release order）を銀行から受け取るには責任者のサインが必要になる。ところが、柴田社長の居場所は不明なことが多く、必死で居場所を探すこともしばしばだった。ある時、東宝東和に行ったのではないかと見当をつけて、銀座通りを横切り、東

＊インディペンデント系配給会社
邦人系とも呼称。非ハリウッド系配給会社のことを指す。

宝東和のあったプレイガイドビルのエレベーターに駆け込んだところ、目の前に白洲春正社長が！　雲の上の方であったが、必死だったので失礼を省みずに用件を伝えたところ、自ら案内してくださり、何とか柴田社長と出会えて、サインをもらうことができた。試写の日程が迫っている時が多かったため、社長からサインをもらうのが急務で最も大変な業務だったともいえる。

外貨の海外持ち出し額の上限も次第に緩和され、日本銀行への申請を要する契約も減っていった。通関業者の日本シネアーツの担当者の方々には、一から教えてもらい、後に字幕制作を会社の業務に加えたので、今でもお世話になっている。また、フランス映画会社が六本木にあった時期には日本勧業銀行六本木支店（現在のみずほ銀行）の外為に、銀座に移転してからは、銀座通りの東京銀行銀座支店（現在の三菱UFJ銀行）にはどれだけ通ったことか。二日酔いをさますために、東銀二階の応接室のソファを借りて、横になることも度々だった。東銀はその後、合併を経て、この四月に遂に行名から東京の名前が消えてしまったのが寂しい。また、勧銀の外為でいつも無理をお願いしていた黒田美喜子さんとは、今でも付き合いが続き、つい数年前など、パンドラでアルバイトをしてもらったほどだ。

映画配給の精神（エッセンス）～「良質な観客が良質な映画をつくる」

八〇年代半ば、フランス映画社で担当していた業務にも慣れ、また、労働組合活動への参加により、同業他社の人たちとの交流が始まっていた。プライベートでは二十歳代後半（一九七〇年代後半）から関わり始めていたリブ運動の中で、強姦を告発した映画『声なき叫び』*の自主上映活動や、生理を記録できる女性用の手帳作成グループにも参加。夜や週末は法律の講義を受けるために大学に通い、一日八時間図書館で勉強したこともあり、毎日がそれなりに充実していた。

だが、一九八五年の夏、ニューヨークからの帰りの便の中で、突然「もしかすると別の人生があるのかもしれない」と思ったのだ。三か月ほど考えた末、その年の終わりごろ、柴田社長に「辞めたい」と申し出た。理由を問われたので、「別の人生があるかもしれないと思ったので」と正直に答えると、「ダメだ。アメリカに行く、とか言うのならいい」という返事だった。私は、ただの気分転換、のんびりしたかっただけで、退社後の確固たる人生設計は描いていなかったのである。話し合いはいつも平行線のままだったが、翌年五月だったと思う。突然、「アメリカに行けばいいのだ」と気づき、六月、銀座伊東屋の裏手の喫茶店ルノアールで「アメリカに行くのならいいとのことでしたので、アメリカに行きます」と伝えた。

記憶では一九八六年一〇月に退社し、ニューヨーク行きのノースウエスト機に乗ったのは、一二月一〇日だったと思う。出発日、向かった成田空港に父が見送りに来ていた。予想していなかったので驚いた。住職として寺務に勤しむ伊豆の片田舎から成田までは片道五時間くらいかかっただろう。父は税関を通るまで、ずっと私を見送っ

＊『声なき叫び』（原題：Mourir á Tue-tête）
カナダ映画・一九七八年製作＝八二年日本公開。監督：アンヌ・クレール・ポワリエ。第三二回カンヌ国際映画祭「ある視点」部門出品。真正面から強姦を告発した映画である。日本では東京で〈『声なき叫び』上映グループ〉により、自主公開された後、全国五〇〇か所以上で上映された。地上波でテレビ放映もされている。

ていた。

フランス映画社時代からたくさんのアメリカ映画を見たことも、経理や貿易実務、役所や銀行との交渉の経験も、全て糧になったが、最も影響を受けたのは、柴田社長である。

柴田社長は、「良質な観客が良質な映画をつくる」と、観客を育てる大切さを口にしていた。山のような資料を読み、時には自ら字幕翻訳を手掛ける。机の上にとどまらず、資料が会社中に溢れ、配給を手掛ける作品の魅力を最大限引き出して日本の観客に届けようと奮闘していた。全てを自分で担うことの是非は別として、大袈裟に言うと自分なりの哲学をもって仕事に誠実に取り組んでいた。入社間もない頃はしょっちゅう、不満をぶちまけ、大喧嘩もした。当時は周りで飛び交う映画の題名のほとんどを知らなかったので、疎外感を抱かざるを得ない状態だったのだが、試写の後には宣伝担当者が新聞記者や著名人、評論家などを連れて会社に戻って一杯が始まり、更に酒場に繰り出す。誰にも紹介されず、同席の声をかけられることもない。ずっと後になって、いつも「皆さんで召し上がって」と言って差し入れを持参されていた女性、＊野上照代さんだけは、私からお願いして紹介してもらった。決して広くはない事務所の片隅でひたすら机に向かっているだけの疎外感と羨望。だが、四年ほどたった二八歳の時、突然、「今の仕事をきちっと遂行することこそ責務だ」と気づき、その後は、

＊野上照代（のがみ・てるよ）
映画スクリプター（一九二七年―）。五〇年、黒澤明作品『羅生門』にスクリプターとして参加。『生きる』（五二年）以降の黒澤映画の全作品にスクリプター・編集・制作助手として参加した。山田洋次監督による映画『母べえ』（二〇〇八年）の原作（〇七年／中央公論新社）はじめ、エッセイなどの著作も『天気待ち 監督・黒澤明とともに』（〇一年／文藝春秋）、『蜥蜴の尻っぽ とっておき映画の話』（〇七年／文藝春秋）など多数。

気持ちが楽になり、担当の決まっていない業務に気づくと工夫をして処理するように心がけた。傍らで酒盛りが行われていても気にもならず、楽しい仕事の日々が続いていたのである。

ドブさらいのような業務内容。一本の映画を世に出すまでに必要なシャドウワークである。量も限りなかった。終電で帰る日も度々で、おかげで、厳しい映画ビジネスの現実を知ることができて、現在、大いに役立っている。

つい最近、大学で映画演出を教えている方から「映画が産業として成立してない」と言われて、「えっ、そんなの四〇年前からで、今に始まったことじゃないのよ！」と叫びそうになったが、言葉を呑んだ。また、七〇年代から八〇年代にかけて、フランス映画社配給作品が小規模ながらもヒットした際、それらを公開した映画館の支配人が、「ヒットの仕掛け人」とマスコミで数回、紹介されたことがあった。契約から公開に至るまでの柴田社長の苦労を傍らで見ていたので、ある晩、「ひどいですよ、文句を言ってやりましょう」と言うと、「ボクはこういう時は、嵐が過ぎるまでじっとしているんだ」と、珍しくはっきり答えられた。潔い見事な姿勢だと敬意を抱いた。もし、私だったら、そうはいかない。直接、怒鳴り込んでいたことだろう。

柴田社長の姿勢から受けた影響の大きさと深さを改めて実感する。フランス映画社は、二〇一四年に閉じたが、どれほど感謝の言葉を尽くしても、伝えきれない。

刺激的な町ニューヨークでの滞在

僅か一か月半だったが、二回目のニューヨーク滞在は毎日が刺激の連続だった。『ビレッジ・ヴォイス』*を頼りに、フィルム・フォーラム*やMOMA（ニューヨーク近代美術館）、リンカーンセンターに映画を見に通い、インディペンデント系のプロダクションを訪ねて、ボストンにまで足を延ばし、女性のフィルムメーカを始めとする映画関係者に会った。なかでもアジア系アメリカ人フィルムメーカー、クリスティン・チョイ*とは、英語が出てこなくなると、辞書を開いて当該単語をさし示し、あるいは漢字を書いて話し込むほど気が合った。クリスとは後年、山形国際ドキュメンタリー映画祭の会場で再会を果たしている。

最も通ったNPOの映画館はフィルム・フォーラムである。NPO（非営利）の映画館自体に驚いたのだが、さらにドキュメンタリーを劇場公開していることにもびっくりした。当時の日本では、短編映画の映画館での上映の機会はなく、ドキュメンタリーも『薄墨の桜』（一九七七年／羽田澄子監督／岩波ホールで公開）など、僅かの例を除き、劇映画と異なり劇場公開ではなく、自主上映方式により、ホールなどで公開されるのが、多く用いられていた上映方法だった。ドキュメンタリーも多くの人の労力と莫大な費用により製作される作品であり、商品である以上、上映され観客の目に晒されて初めて完成するのである。短編映画も同様だ。だが、いずれもビジネスとして成立するケースは極めて稀であるのが現実なので、それらは国やNPO組織が担

＊『ビレッジ・ヴォイス』
ニューヨークで発行されていた週刊エンターテインメント情報紙。

＊フィルム・フォーラム
ニューヨークにある非営利の映画館。

＊クリスティン・チョイ（Christine Choy）
上海生まれの韓国中国系アメリカ人ドキュメンタリー映画監督・プロデューサー。代表作に『誰がビンセント・チンを殺したか？』（八八年／共同監督：レニー・タジマ／八八年アカデミー賞最優秀長編記録映画賞候補）がある。ニューヨーク大学で後進の指導にもあたっていた。

＊Women Make Movies
ニューヨークにある世界各国の〈女性による女性のための〉映画をモットーに、フェミニズムの映画を製作・配給しているNPO組織。

うべき事業だと思う。

女性問題の映画やビデオを配給しているNPO組織〈Women Make Movies〉*にも訪ねて行き、女性に対する性暴力がテーマの映像作品をたくさん見せてもらった。非営利組織が昼間に活動できるアメリカが羨ましかった。現在は日本でもNPOができて、市民運動などを仕事にすることが認められているが、当時はそうではなく、労働組合の専従者への給与支給など生活面での保障は、一部、なされていたとはいえ、私も含めて多くは、昼間は生活費を得るための正業を持ち、夜や休日・祝日に社会活動を行う〈二重生活〉者であったからだ。ちなみに、〈Women Make Movies〉のディレクターのデボラ・ジンマーマンさんとは、それから十数年後、一九九七年の第一回ソウル国際女性映画祭*に参加し、再会を果たしている。

ところでニューヨークでは小さな講演会があちこちで行われており、そこに出かけていくと、活字でしか知らなかったベティ・フリーダンや、テリー・ギリアム*の姿を目の当たりにすることができた。彼らが話す内容はチンプンカンプンでも、熱心に語り、気軽に質問するアメリカ人を見るのは映画を見ているようで楽しくて、飽きなかった。ベティ・フリーダンの講演の時には、終了後追いかけて質問したところ、じっと聞いてくれ、"I'm sorry. I cannot understand what you want to say. Today I am so tired."(「あなたの言ってることを理解できなくてごめんなさい。本日は疲れている

＊ソウル国際女性映画祭
一九九七年を第一回として、毎年韓国のソウルで開催されている女性の映画製作者による作品を上映する映画祭。

＊テリー・ギリアム（Terry Gilliam）
アメリカ生まれのイギリス人映画監督、アニメーター（一九四〇年―）。イギリスのコメディグループ「モンティ・パイソン」のメンバーの一人。文中で取り上げた監督作の他に、『フィッシャー・キング』（九一年）、『ゼロの未来』（二〇一三年）など。

ので」）と言われたので、"OK, thank you very much."と言って頭を下げ、スゴスゴと引き上げたものである。テリー・ギリアムと会った時は、『未来世紀ブラジル』（八五年）があまりにも大好きだったので緊張してしまい、彼が長髪に洗いざらしのGパンで現れたことは覚えているが、何を質問したのかは覚えていない。少なくとも話しかけた記憶はうっすらと残っている。ついでに書くと、彼の『12モンキーズ』（九五年）も傑作だ。

ニューヨーク滞在中に、全米女性美術館がワシントンに開設されると知り、その準備室に連絡をとり、取材にも行った。ワシントンに向かうためラガーディア空港*に着くと、航空会社がストライキ中で、プラカードを持った数人が抗議の声をあげながら、空港正面の植え込みの周囲を歩いていた。ほんとうに小さな規模だった。それまでに見たり参加したりしていた、組織されて大勢で行進する日本のデモとは異なる、十人にも満たないものだったが、〈権利や意志は団体で主張するものではなく、一人でも主張する〉姿勢が、当たり前とはいえ、実際に目の当たりにするのは新鮮だった。ストライキが原因だったのだろう、その航空会社のニューヨークとワシントン間の航空券が、一ドルで売られていただけでなく、到着したワシントンの街を歩いていた圧倒的多数が、アフリカ系の人たちだったのにも、驚いた。

全米女性美術館の取材は無事に済み、帰国後、『社会新報』に一ページを割いて記

***ラガーディア空港**
ニューヨークのクィーンズにある国際線空港だが、主に国内線で使用されている。

事を書く機会を得、『朝日新聞』のインタビューにも答えている。また、ホイットニー＊美術館のトイレに、生理用品の自動販売機が設置されているのを見て、日本にもあるといいなあ、と思い、後に、『日経ウーマン』で東京と大阪の女性用トイレが、いかに女性に役に立つように工夫されているかを取材することに繋がった。

現地で知り合った日本人の誰もが、「英語を自由に使え、お金さえあれば、ニューヨークは退屈しない」と言っていた。同感だ。見たい映画が上映され、大好きな前衛アートにも接することができ、活字でしか知らなかった人にも、その気にさえなれば会う機会がある。さまざまな人種の人々が歩き、各地の食べ物を味わうことができる。グ＊リニッジ・ビレッジを散策するのは楽しく、立ち並ぶ建物からは歴史を肌で感じ、人は町に育まれると知った。とてつもなく広くて深い〈街の想像力と創造力〉を感じ、ニューヨークは暮らしたい町だと思った。

フランス映画社を退社する口実だったとはいえ、決意して行った以上、ニューヨークに一年間は滞在するつもりだったが、僅か一か月半しかいられなかった。もし一九八六年から八七年にかけて、仕事と私生活の拠点をニューヨークに移していたら、今とは別の人生を歩むことになったかもしれない。だが、そのようなことにはならなかった。ニューヨーク行きはあくまでも退社のための方便であり、すでに動いていた複数のプロジェクト、すなわち書籍や女性のための手帳の発行などをやめてしま

＊ホイットニー美術館
一九三一年、ニューヨークのウェスト・ビレッジに、彫刻家のガートルート・ヴァンダービル・ホイットニーにより創設された美術館。

＊グリニッジ・ビレッジ(Greenwich Village)
ニューヨーク、マンハッタンのダウンタウンの一地域で、一九世紀の街並みが残っている。

い、取材を始めとする受注仕事を断ることなど、あり得なかった。フリーの鉄則は頼まれる仕事を断らない、である。担当業務が宣伝ではなかったため、マスコミとの付き合いは全くなく、リブ運動をしていただけなのに、フランス映画社を辞める頃、どうしてなのかは分からないのだが、フリーライターになると思われたのか、書評やインタビューなどの原稿書きや、取材を依頼されるようになった。周囲から「原稿用紙を落としながらアメリカに行った」と言われたほどだったのである。

当時は、ただただ毎日が楽しく、自分は何をしたいのか、どういう人間なのか、など自分との長い闘いに区切りがつくと、自分と同じ言葉を話す女たちと出会えた！リブ運動を通じて、終生の友となる人たちとも出会い、自分を表現する方法が見つかっただけではなく、それが仕事として成立し始めたことが、嬉しくて、楽しくてたまらず、方向転換などは思いつきもしなかったのである。

オリジナル健康手帳『月日ノオト』

女性が伸び伸びと生きることをテーマに考えたアイディアは多岐にわたっていた。取材やインタビューをしての原稿執筆も新鮮で発見があり、自分には向いているのではないかと思う一方で、アイディアを商品化するための試行錯誤も楽しいものだった。最も具体的な成果は、毎月の生理を記録できるカレンダー付きの女性用手帳の編集と発行である。欧米では、一九七〇年代から作られていて、日本でも同じ時期に企画されながら、商品化に至っていなかった。リブ運動にかかわる女性だけに使われる手帳にはしたくなく、何よりも重きを置いたのは一般性である。リブ運動を知らない人たちにも使ってもらえ、誰もが気軽に立ち寄れる文具店やデパートに並べられる商品にすることだった。最初の女性用の手帳『ネットワークノオト』は、一九八二年に商品化して三年間発行した。だが、グループ解散により中断。その後、独自に企画を進めて、一年後の一九八六年にオリジナル健康手帳『月日ノオト』という名称で新たに商品化し、一九八七年版から二〇〇〇年版まで発行した。

オリジナル健康手帳『月日ノオト』が最初に形になったのは、一九八六年発行の一九八七年版だが、スタートはさんざんだった。当時はまだ勤め人だったこともあり、編集と発行を現代書館が引き受けてくれたのだが、出来上がったのは、まったく実用に即さないシロモノだった。「がっかりした」という不評の声が耳に入る。猛省した。やめようとも考えたが、ここで引き下がってはいけないと思いとどまり、挽回を決意。翌年以降は企画から取材、編集スタッフの構成までのすべてを自分で練り直した。銀座伊東屋*の手帳担当者のところに何度も通って教えを乞い、当時、爆発的に使われ始めたシステム手帳を考案したナラコンピュータシステムの社長さんにも話を聞きに行った。すると、着ているベストが考案中のアイディアに溢れていたのには舌を巻いたものだ。いずれも文房具専門の業界誌の編集長だった志村章子さんにご紹介いただいた方々である。

改訂版は順調なスタートを切った。発行を知った（たぶん、雑誌か新聞の紹介記事

＊銀座伊東屋
一九〇四年創業の銀座にある文房具や画材などを扱う老舗の専門店。

で知ったのだと思う）ヘルスメーターの会社から大量の注文が入った。中野の民間アパートにあったその会社を訪ねると、ちょっと太めの男性、鈴木さんが親切に対応してくれた。代金が振り込まれた時、一緒に手帳作りをしていた嶋田ゆかりさんが、「あの会社、ほんとにあったんだ」と言ったのをよく覚えている。その後も最良の得意先になってくれた。今では新宿にビルを構えるそのヘルスメーターの会社の現在の社名は、カタログハウス*である。そう、『月日ノオト』に着目してくれたのは、カタログハウスの創業者、齋藤駿前社長であった。

『月日ノオト』は伊東屋をはじめ、全国の文具店や紀伊國屋書店などの店頭に並び、日本橋高島屋の文具売り場などでも扱ってもらえた。

この『月日ノオト』の編集と販売にあたっては、今もスタッフである宮重淑子が全力を尽くしてくれた。手帳を持って文具店や書店を一軒一軒、セールスに歩いてくれたのである。宮重と私は大学の同級生なのだが、彼女は大学時代の私を覚えていないと言う。だが、私は彼女の表情や仕草まで、よく覚えている。試験に備えて初めてノートを借りた講義は社会学で、十五号館二階の大教室だった。教室の入口で「ノートを貸してほしい」と頼むと、「この間サークル（出版事業研究会）で吉行淳之介*のトコに行ったら表札にMMって書いてあったの。あれって宮城まり子*なんですって」と、初対面に等しい私に向かって、人差し指でMの文字を書くようにして言う。さすがゴシップ好きの面目躍如たるエピソードではないか。学部は同じでも学科は異な

＊カタログハウス
一九七六年創業の通信販売を主たる業務とする会社。

＊吉行淳之介（よしゆき・じゅんのすけ）
作家（一九二四年—一九九四年）。五四年『驟雨』で芥川龍之介賞、六五年『不意の出来事』で新潮社文学賞、七〇年『暗室』で谷崎潤一郎賞、七四年『鞄の中身』で読売文学賞、七八年『夕暮れまで』で野間文芸賞など、多数の著作がある。父の吉行エイスケは作家で詩人、女優の吉行和子と詩人の吉行理恵は妹である。

＊宮城まり子（みやぎ・まりこ）
女優・歌手・映画監督（一九二七年—）。肢体不自由児施設〈ねむの木学園〉（六八年—）をオープンさせている。また、映画『ねむの木の詩』（七四年）、『ねむの木の詩がきこえる』（七七年）などの映画を製作・監督。

り、当時の早大は一年中ほぼロックアウト状態で（ロックアウトの合間に授業があった、と書いても過言ではないほどだった）、ノートを借りる以外の付き合いはなかった。卒業から数年後、偶然再会し、一九八六年に『東京おんなおたすけ本』（現代書館）編集の際に、取材と編集を頼んだのがきっかけで、付き合いが始まった。以後、柔らかい表情と穏やかな語り口、それを裏切るクールで負けず嫌いな性分と明晰な頭脳で、それこそ、映画がコケた時も、後述する右翼に襲われた時も変わらず、三〇年間も支え続けてくれている。

ところで、日本橋高島屋の文具担当者のところに、宮重と二人で『月日ノオト』をセールスに行った時、商談の席に、高島屋の社員だった高校の同級生の久永クンが、「心配だからよぉ」と言いながら、柔道経験者特有の歩き方で現れた。中学校が異なっていたとはいえ、最寄り駅が同じ伊豆長岡駅だったので、高校三年間、毎朝、同じバスと電車に乗り、三年生の時には同じ国立文科系コースだったのだが、その間、一度も口をきいたことがなかった。だが、大学生の時に友人たちと旅行した大島三原山の頂上で、ばったり遭遇して以来、話をするようになっていたのである。最初の『月日ノオト』を発行の時期、同じく同級生だった山内クン（故人）やカズオちゃんと一緒に、時折パンドラに現れていたので、恐らく事前に知らせていたのだろう。嬉しかった。おかげで、めでたく高島屋でも扱っていただくことになったのだった。

手帳以外にも、立体裁断の下着や書籍などを企画し、商品化できたのだが、手帳は文房具、下着はアパレル、書籍は出版とそれぞれ業種が異なり、ノウハウや販売方法が別々であったため、全てを継続するのは無理があり、いずれ取捨選択を迫られる時が来る、と漠然とではあるが考えていた。

立体裁断の下着は、リブ運動で知り合い、終生の友人の一人となった浜田博子（通称ハマダ）さんと二人で、一九八六年に企画したものだ。

ハマダは地方公務員として働きながら、〈男女雇用平等法をつくる会〉*会員として、新宿の通称〈ジョキ〉こと〈女性解放合同事務所〉*にしょっちゅう現れていた。私は女性の権利拡張の法制化活動に積極的には関わっていなかったが、ジョキを訪れる女性たちと交流はあった。一九八三年一二月二四日、男女雇用平等法成立を求めて、都内をバトンタッチして走る〈イブ・リブリレー〉が催され、私もランナーの一人として参加した。その時にハマダと知り合ったのだ。

知人に、プロのデザイナーを紹介してもらい、その伝手で下町の縫製工場を訪ねると、新しいことに挑む人には協力するという社長（顔は思い浮かぶのだが名前をどうしても思い出せない）が快く会ってくれ、下着に相応しい布の特性など何から何まで教えてくれた。とにかく親切にしていただいた。おかげで、お尻の丸みをすっぽり包み、身に着けていることを忘れさせるほど履き心地の良いパンツが出来上がったのである。二千枚作り、週末に二人で袋詰めをした。すると、『家庭画報』で取り上げられ、二千枚はあっという間に売り切れたのだが、資金が不足していたのと、昼間の仕事を

＊男女雇用平等法をつくる会
正式名称は〈私たちの男女雇用平等法をつくる会〉。国連が一九七五年を「国際婦人年」と定めたことを契機に発足した〈国際婦人年をきっかけとして行動を起こす女たちの会〉の労働分科会の活動の中から生まれた。

＊女性解放合同事務所
〈男女雇用平等法をつくる会〉や〈国際婦人年をきっかけとして行動を起こす女たちの会〉などの団体が合同で運営していた東京都新宿区にあった事務所。

兼ねていては注文などに対応しきれないので追加製造は諦めた。

三　パンドラの始まり

最初の事務所

最初の『月日ノオト』の発行と前後して、東京に暮らす働く女性のために具体的に役立つ情報を提供しよう、との趣旨で企画したのが、『東京おんなおたすけ本』である。現代書館の菊地泰博社長が発行元を引き受けてくれたものの、取材費はこちら持ちだ。菊地さんとは友人の紹介で知り合ったと記憶している。

『東京おんなおたすけ本』には、〈女性が元気で働く本〉と副題をつけて、発行したのは一九八六年七月だった。完成版は掌に載せられる小さな文庫サイズで一五七頁、思い立ってから発行まで約二年間かかった。編集者名義は〈月日の種舎〉。愛称〈ビッキー〉こと櫛引順子さんや嶋田ゆかりさんと、当時、一緒に活動していたグループ名である。当時の勤め先のフランス映画社から徒歩一〇分ほどのところに、三人共同で事務所を借り活動の拠点にした。入り口が間口半間しかない木造の建物で、全体が南に傾き、ギシギシと軋む急な階段を昇った部屋は、三〇年前とはいえ、中央区のど真ん中によく残っていたような建物だ。私は気乗りがしなかったが、ビッキーが隅々まで見て回り、「ここ、良いわよ」と言う。彼女の目の方が確かだと思ったので契約した。

そのビルに一五年間くらい事務所を置いた。それが、後にパンドラの最初の事務所となっている。

『東京おんなおたすけ本』発行後、その延長として取り掛かったのは『東京ママおたすけ本 お母さんが元気に働く本』(一九八七年一一月発行)である。一九八七年一月、ニューヨークから帰国してすぐのことだった。この本は、美術系大学を卒業して結婚前はデザイナーだった一人の女性の一言から始まっている。出産間もないその女性が、「毎日、赤ん坊と二人だけでマンションにいて、誰とも喋らない日があると、アタマがおかしくなる。そういう時は、ホテルのベビールームに赤ん坊を預けてテニスや買い物に行くの」と言う。一九八六年一一月のことである。日本では子育ての社会化が進まず、個人の行為に帰されている、と日頃から思っていた。人間の赤ちゃんや子どもは、犬や猫などの動物とは異なり一人では何もできない。一日二四時間、ほぼ一〇年間近い期間、大人が傍らについて世話をしなければならない。子育てのすべてを一人で担うのは難しい。子どもは泣くし、しょっちゅう熱を出す。それが子どもの〝仕事〟なのだが、世話をする方の忍耐は並たいていでない。母親がイライラするのは当然で、その気持ちは子どもにも伝わる。泣く子を叩きたくなる気持ちは理解できる……、と種々さまざまな悩みごとや困りごとへの対処方法を考えて企画した。

実際に役立つ日常の情報提供を主眼とすることは最初から決めてあった。具体的には東京二三区二六市の子育て行政の実態を、一冊の情報本としてまとめようというも

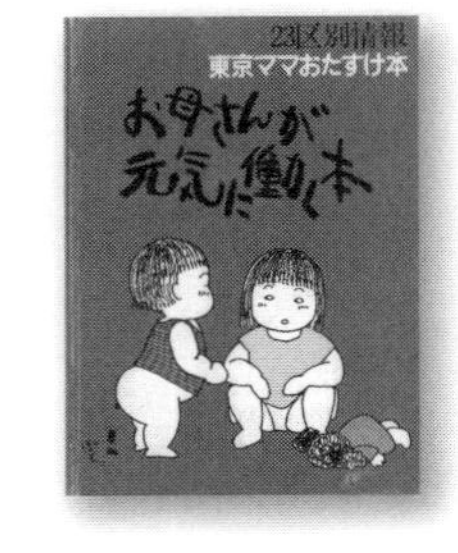

のである。まず、地方公務員のハマダに事務所に来てもらい、税の徴収や遣い方の仕組みに関する講義を全員で受けた。各自治体の総予算の中で子育てに割かれる予算額と割合も調べた後、取材に入る。方法としては、全員が妊婦になりきったつもりで、東京都内四三か所（だったと思う）の福祉事務所と、区役所保育課の窓口を取材した。スタッフはビッキーさんに、二人の娘の子育て中だった宮重に加えて、木村まりさんを始め、総勢五名だったと思う。役所の対応はさまざまだった。

膨大な取材結果を一冊にまとめてくれたのは、当時、集英社の女性誌『ＬＥＥ』のフリー編集者だった大野邦世さん（故人）。彼女はその数年前に、一〇代が対象なのに過激なセックス記事を掲載していると、国会で問題になった『ポップティーン』*の編集者として、また、子連れ通勤でも名を馳せる名物編集者だった。表紙は『よいおっぱい悪いおっぱい』の著者、詩人の伊藤比呂美*さんが描いてくれた。

この本には取材や編集過程で忘れられない出来事がいくつもある。宮重が交通事故に遭ったこと、地図を頼りに池袋のベビーホテルを探しあてるのに一時間以上もかかったこと、日野市が最も子育てへの配慮が行き届いていたこと、発行後、山のような量の校正ミスを出したこと、などである。

ある朝、宮重が自転車で駅に急いでいて車と衝突してしまったのだ。不幸中の幸いで命に別状はなく入院もしなかったのだが、顔に包帯を巻いて「ごめんね」という彼女に対して、申し訳ない気持ちで一杯になった。まりさんに宮重の家にお見舞いに行っ

＊『ポップティーン』
一九八〇年創刊のティーンエイジャーの女性読者向けの雑誌（角川春樹事務所発行）

＊伊藤比呂美（いとう・ひろみ）
詩人（一九五五年―）。数多くの詩集やエッセイなどの著書がある。現代詩手帖賞（九三年）、野間文芸新人賞（九九年）高見順賞（二〇〇六年）、萩原朔太郎賞（〇七年）、紫式部文学賞（〇八年）など多くの文学賞を受賞している。主な詩集に『草木の空』（七八年／アトリエ出版企画）、『テリトリー論Ⅱ』（八八年／思潮社）、エッセイ集に『良いおっぱい悪いおっぱい』（八五年／冬樹社）、『主婦の恩返し』（九〇年／作品社）、『父の生きる』（二〇一四年／光文社→一六年／光文社文庫）他多数。

てもらったことがある。主婦が動けなくて一番大変なのは家族の食事だ。私が「あなたはケチ？」と聞くと、元気いっぱい力を込めて「はい、ケチです！」と言うので、「だったら、今まで買ったこともないほど高いハムを、銀座の松屋で買って持って行って」と言うと、まりさんは元気よく出かけた。後に宮重から言われた。「あれを食べてからは娘たちが安いハムを食べてくれなくて困った」。

山のような校正ミスが出たことについては、ご迷惑をおかけしたところに実際にお詫びに回った。謝りに行った後、逆に励ましの手紙をもらったこともある。購入してくれた読者にも申し訳ないと思い、「校正表を挟めばいい」という現代書館の菊地社長の助言を聞かず、間違い部分に訂正シールを貼り付けることにした。それで毎日、宮重が現代書館に通ってシール貼りの作業をしてくれたのだが、そんな彼女に対してガミガミ怒ったために、ある日彼女は退社してしまったのである。菊地社長には、この件で強く意見されたが後の祭りだ。二年後に出戻ってくれた彼女から言われた。「あの頃、一〇円ハゲができていたのよ」。

発行者名義はパンドラ・カンパニーである。社内で社名協議をしたところ数百もの案が集まった。〈オフィスくのいち〉もなかなかだった。私が〈めしの種社〉を挙げたところ、「銀行で『めしのたねしゃさ～ん』って呼ばれたら、みんなに見られて恥ずかしい」との意見が出た。ならば、と次は〈株式会社新富町〉を提案した。㈱銀座や㈱築地でなく、㈱新富町だからいい。映画が始まり、スクリーンに配給会社名としてバーンと〈㈱新富町〉と出た瞬間を想像するとわくわくするではないか。ＭＧＭのライオン、ＦＯＸのサーチライト、東映の岩に砕ける波、松竹の富士山にも匹敵する！……と思ったのは私一人だけだった。相当粘ったが、受け入れられず、揉めに揉めて決まらない。「じゃあ、パンドラの匣（はこ）*の言い伝えから取って〈パンドラ〉は？」と言うと、全員賛成だったので仕方なく同意した。パンドラ・カンパニーと名のることにしたのだが、今でも㈱新富町に心が残っている。

ところで、今では電車の中にベビーカーを持ち込むことにためらう親はいないだろうが、その実現には、一九七〇年代のリブ運動があったことはほとんど知られていない。田中美津さんたちが相当頑張ったのだ！『東京ママおたすけ本』発行から三〇年以上経つというのに、働く女性の子育て支援や、男性の育児休暇取得などが、マスコミで今もって話題になるのを見聞きする度に、「私たちのしてきたことはいったい何だったんだ」と虚しくなる。

『東京ママおたすけ本』の初版はあっという間に売り切れた

紆余曲折を経て、無事発行にまでこぎつけ、皆で出来上がった本を手に書店を一軒ずつ歩いてセールスする日々が始まった。そのようなさなか、年も押し詰まった一九八七年一二月二四日の朝、興奮した声の電話が発売元の現代書館から掛かってきた。大手取次会社の重役たちが揃って、『東京ママおたすけ本』を取り扱いたいと言っ

＊パンドラの匣
パンドラはギリシア神話に登場する人類最初の女性。神ゼウスがパンドラに持たせた、あらゆる災いの詰まった箱を彼女が好奇心から開けたところ、すべての災いが地上に飛び出したが、急いでふたをしたので希望だけが残ったという。触れてはいけないもの、開けると何か悪いことが起こるかもしれないものの例えとして使われる。

て現れた、と電話の向こうで金岩営業部長が興奮している、と宮重が興奮して伝えて寄越す。「副社長か社長の奥さんが、朝、日経新聞を読んで、『あなたの会社はこういう本こそ扱わなきゃいけないのよ』って言ったんですって」。実は、本書については『日本経済新聞』に文章を書く機会をいただき、それが、二四日の朝刊の最終面に大きなスペースを割いて掲載されたのだった。『東京ママおたすけ本』は、東京都内限定の情報本であることを理由に、大手取次店で扱ってもらえないと現代書館の営業担当者から聞いていた。そういう事情もあり、宮重を筆頭に、私たちはセールスに歩いていたのだった。一面識もない奥様のおかげで、めでたく大手取次会社で扱ってもらうことができて、あっという間に一万部が完売、増刷となった。

掲載された記事の反響は予想以上に大きく、自分たちも作りたいという各地の女性、取り上げたいとの取材申し込みなどが次々と現れていた。そんなある日、日本で三本の指に入る大手建設会社の重役が来社し、企画中の情報提供の端末作成を手伝ってくれないか、と言う。内容は、端末にお薦めの商店や会社の情報を紹介する代わりに、そこから掲載料をもらう、というものだった。つまり、私たちのようなスポンサーなしで、自分たちで〈良い〉と判断した情報を紹介するのとは異なる発想なので、丁重にお断りした。

増刷した二千部も売り切れになりそうになり、現代書館から三刷りを提案されたが、最初の取材から一年以上が経過していて、情報本のキモは最新であることゆえ、再取材が必要であり、躊躇なく三刷りは断った。再取材のパワーと資金がもう底をついていたからだ。

ところで、『東京ママおたすけ本』は『日本経済新聞』以外でも取り上げられたのだが、電車の中吊り広告に、とんでもないキャッチフレーズを付けた週刊誌があった。正確ではないが、〈『おたすけ本』で三千万円儲けてウハウハ〉という内容で、忘れもしない、『サンデー毎日』である。

『東京ママおたすけ本』について『サンデー毎日』から取材を受け、それが記事になったのだが、確かに本の売上が二千万円か三千万円と答えたのは事実で、ゲラ刷りも見て確認していたものの、広告のキャッチコピーではまるでそっくりその三千万円が利益のように書かれているではないか（もちろん、そんなわけがない）。広告までは気が回らず、編集部に注文を付けなかったのがいけなかったのだろう。とにかく、激怒して編集部に怒鳴り込んだ。

一九八八年の四月だったと思う。抗議の後、『サンデー毎日』の編集長が謝罪のために事務所を訪ねてきた。崩れ落ちそうな階段を昇り、開け閉めのたびにガタピシと音がするドアを開けて入ってきた編集長は、長身の細身に長髪、整った顔立ちの優男だった。東京言葉ではなく、なまったアクセントが耳に残る語り口だった。鳥越俊太郎編集長である。後に「あの謝罪が編集長として最初の仕事だった」と言われた。

その後、一九九〇年の初めに、『東京おんなおたすけ本』『東京ママおたすけ本』に続く第三弾として、『東京おんなおたすけ本　ＰａｒｔⅡ』を発行している。『東京ママおたすけ本』の取材の際、税金の使途への関心が芽生えたのがきっかけで、東京都の税金の遣われ方をテーマとする内容で、続編を発行したいと思った。『東京ママおたすけ本』発行時に収集した膨大な資料を分析し、責任者にインタビューをする。税金の遣い方についての提言もしたかった。当時、女性問題の本を手掛けている老舗出版社を退職した女性が編集者としてパンドラに籍を置いていて、彼女にこの企画を話したところ、予想もしない答えが返ってきた。「そんな本、売れないわよ」と言下に否定されてしまったのである。

税金は必要最低限の暮らしを支えるために納付するのにもかかわらず、納税義務の浸透に比較して権利はさほど人々に自覚されてない。〈税金とは何か〉といった啓蒙活動は疎かだ。と『東京おんなおたすけ本』を契機に考えさせられた。明治以前から、税金は何の為に納めるのかについての教育がされていない。「お上に上納する」ものであり、〈お上〉がどう遣おうと勝手であり、上納するほう（人民）は口出しができない、それが当然のようにまかりとおっている。義務は権利とセットである。税金は、私たちの最低限の生活を支えるために遣われるものである、という当然のことを伝えたかった。「きちんと税金を納めているのに、道路を歩くぐらいしかその恩恵に浴してない」と、当時は常日頃から口にしていたのだが、編集責任者に全く取り合っても

らえないのでは仕方ない。

結果的に、『東京おんなおたすけ本　ＰａｒｔⅡ』には、少しだけ税金の遣われ方のコーナーを設けて完成させた。しかし売れ行きは鈍く、山のような返本を泣きながら一人で処分した。税金の遣われ方だけの本にするべきだったと後悔した。編集を任せた人の意見をそのまま受け入れた自分に非があり、お金は私が出すのだから説得すべきだった。生まれてこの方、人を説得したり、競争をした経験がないのがアダになった。情けなかった。後日、『家庭画報』の取材で作家の野坂昭如[*]さんにインタビューをする機会があり、この企画を話してみたところ、大賛成してくれたことを忘れない。

株式会社パンドラの誕生

『東京ママおたすけ本』と重なる時期に、横浜市女性協会[*]から、女性の転職と再就職についてのビデオ製作を依頼され、結果として五年間、このプログラムを引き受けることになった。不動産鑑定士、行政書士、一般事務、自動車教習所指導員など五十余りの職種について、実際にその職種に従事している女性へのインタビューや、仕事をしている様子を中心にしたドキュメンタリー仕立ての、社会教育用のビデオで、最後の年には〈再就職を考えた時〉などをテーマに三本、結果的に合計五三作品を製作。受注業務とはいえ楽しくておしまいには、自分で脚本から演出まで担ってしまったばかりか、横浜市女性協会以外からの受託製作も手掛けるようになっていた。

＊野坂昭如（のさか・あきゆき）
作家（一九三〇年—二〇一五年）。神奈川県生まれ。歌手や政治家としても活動した。六七年に『アメリカひじき』『火垂るの墓』で直木賞受賞。八五年『我が闘争こけつまろびつ闇を撃つ』で講談社エッセイ賞、九七年『同心円』で吉川英治文学賞など受賞歴多数。

＊横浜市女性協会
一九八七年に横浜市が設立した公益法人で、横浜市男女共同参画行動計画に沿ったさまざまな事業を実施。現在は公益財団法人横浜市男女共同参画推進協会と名称変更。

契約段階で協会の責任者から「会社でないと契約しにくい」と言われた。「ならば会社登記をしよう！」。有限会社のつもりだったところ、スタッフから「株式会社の方がカッコいい」との意見が出た。こうして、今に至る株式会社パンドラの誕生となったのである。いい加減なものだ。会社勤めを辞めて、ニューヨークに行った一年前には会社を経営することなど全く考えていなかった。社員は三名で、株式会社設立資金は東京都の女性のための開業資金（正式名称は覚えていない）を借りて賄った。都の担当者の女性が事務所まで見にきて、帰り際に「頑張んなさいね」と励ましてくれたのを覚えている。

『東京ママおたすけ本』の編集名義はパンドラ・カンパニーとなっているから、登記はその後だったのだろう。

四　配給作品からの贈り物

猫好き一族

一九八七年から一九八九年にかけては、映画配給や書籍の編集以外にも、前述した受注ビデオの製作に加え、月刊誌や新聞の取材と執筆も増えていた。頼まれると断りきれない性分のなせる結果である。『朝日ジャーナル』*で書評や著者インタビューを行い、月刊女性誌『家庭画報』に日常生活をテーマとした取材記事、社会党機関紙『社

＊**『朝日ジャーナル』**
一九五九年に創刊され、九二年に廃刊になった朝日新聞社発行の週刊誌。

会新報』や岩波書店発行の『世界』に子育てや高齢社会についての取材記事ほか、時にはエッセイを書くこともあった。どれも私は楽しみながら取り組んでいたが、資料探しや校正など、ノウハウの異なる業務を押しつけられるスタッフには全く気が回らなかった。彼女たちはどれほどガマンをしていたことか、と今になっては思う。

一九八八年に『日経ウーマン』が創刊された。その一年ぐらい前に、前身の『personal』の木原編集長からの依頼で記事を書くようになった。時によると深夜まで、木原さんに文章のチェックを受け、『日経ウーマン』の鷺谷初代編集長（故人）や波多野副編集長からも同様に緻密な取材の重要性や、完璧な記事作成のための取材や調査の大切さ等々、教えてもらったことは数多い。尾崎雄二代目編集長、足立則夫三代目編集長のもとでも記事を書いた。受けた刺激は多大で、尾崎さんと足立さんとは今もお付き合いが続いている。

〈東京と大阪のデパートや駅のトイレはどれだけ女性に優しいのか〉という企画に、鷺谷編集長にGOサインを出していただき、都内のJR線と私鉄線、地下鉄線の全駅を取材した。生理用ナプキンの自動販売機が設置されていたのは、京急線の品川駅と都営三田線の巣鴨駅のみだったと思う。デパートについては、取材したところ、トイレのベビーベッドが個室ではなく、洗面所部分に置いてあったのを理解できず、〈赤ちゃんを一人残して、母親が個室に入りお手洗いを済ませることはあり得ない〉というようなことを書いたところ、しばらく後に、ベビーベッドが個室内に置かれるようになっていた。

その年の九月、『ハーヴェイ・ミルク』の公開時期だったと思う。現代書館の菊地社長から「頼むよ、お願いだから!」と電話がかかってきた。ベトナム戦争*に従軍した多くの米軍兵士が書いた手紙をまとめた本『ディア・アメリカ　戦場(ベトナム)からの手紙』の翻訳をしてくれとの依頼だった。断り続けたのだが、これまた押し切られ、下訳者を付ける約束で引き受けてしまった。本書を原作とした映画を東宝東和が翌一九八九年二月に公開するからそれに間に合わせたいと言う。だが、公開が急遽、前年一二月に繰り上がったために、大げさに言えば地獄の日々が始まることになった。半年で仕上げるのもかなり無理があるのに、更に三か月も早まったのである。

一日の睡眠時間三時間という日々が二週間続いたある明け方だった。ひと眠りする前に、お風呂に入り、ガスをつけっ放しにしたまま眠ってしまっていた。そのままだったら、火事になるか、大火傷をするかだったが、思わぬことで大惨事にならず命拾いした。飼い猫の銀河(ぎんが)に救われたのである。銀河は入浴の際、いつも浴槽脇のガス釜の上に、私と向き合うように座る。顔を見ながら、時には浴槽の湯が波打つのを追いかけたり、湯舟の中で動かす指に前足でじゃれるのが習慣になっていた。その日は私が動かないことに不安になったのか、遊んでほしかったのか、湯に前足を入れて膝をついていたようだ。何度目かに銀河がかなり激しく引っかいたのだろう、痛くて目を覚ましたのだった。翌日、現代書館でそれを言うと「チュウビョウ(忠猫と思う)だ

＊ベトナム戦争
一九五五年頃―七五年四月三〇日。宣戦布告なき戦争だが、終結は七五年のアメリカ軍の全面撤退による。フランスによるインドシナ植民地化から日本軍侵略と、長く外国から支配されたインドシナ半島の人々による、外国勢力への抵抗運動を背景とした内戦が続き、その延長線上に、ソ連を中心とした共産主義陣営とアメリカを中心とした自由主義陣営と間の代理戦争が五五年ごろから始まり泥沼化した。

あア」と営業部長の金岩さんが叫んだ。

銀河は、現在パンドラ*のロゴマークになっている。このロゴマークは、あわや大惨事の何日か前に、イラストレーターの貝原浩*さんが締め切りを守ってくれないため、事務所に押し掛けて、描きあがるのを待っていた間に、さらさらっと描いてくれたものだ。当時は、外出の際に、時々、銀河をケージにいれて、一緒に出掛けていたから、恐らく貝原さんの事務所にもそのようにして行ったことがあったのだろう。岩波書店のロゴマーク〈種まく人〉をもじって〈種まく猫〉。銀河は友人からもらった雌猫だった。生来、腎臓が悪く、知人に紹介された獣医師が経営する玉川の犬猫病院まで、当時暮らしていた板橋から何度通ったことか。入院は数回にわたっていた。見舞いに行くと、起き上がって賑やかに鳴き、ケージを歩き回る。獣医師によると、私が行く時だけ元気になるとのことだったが、治療の甲斐もなく三年で逝ってしまった。肉がそげ落ち、骨が浮き出るほど痩せ、硬く冷たくなった亡骸を抱いた時の悲しみが甦る。

もう一匹、宙（そら）という名前をつけた猫もいたのだが、宙は更に短命で僅か二年しか生きられなかった。宙は犬のように、人間を恐れずリードなしで散歩ができた。木々の間で虫を追いかけていても、「ソラさん、もう行くよ」と呼びかけると「ぐえー」と鳴きながらすぐに戻り、並んで歩いたものだった。

三年前に亡くなった尼僧で住職だった父方の伯母は、お墓一基ごとに一匹ずつの猫

＊パンドラのロゴマーク

パンドラ

＊貝原浩（かいはら・ひろし）
岡山県出身の画家、イラストレーター（一九四七年―二〇〇五年）。画集に『Far West 貝原浩鉛筆画集』（二〇〇二年／現代書館）、『貝原浩画文集　風しもの村』（二〇〇一年／編集・小林敏也、造本・山猫あとりゑ／パロル舎）他。

がいて、冬にはそれぞれにアンカと毛布を与える。一匹の老猫と暮していた母方の伯母の死後、従姉は、その猫の面倒を見るために、毎日、主のいなくなった家に通っていた。別の母方の従妹の一人は、数十匹の猫と暮らし、今年九〇歳を越える父方の叔母はある時「子どもの頃からいつも猫がいた」と言っていた。父の僧衣からは常に猫の毛が舞う。葬儀や法事で親戚が集まると、話題は猫のことばかりであり、娘が獣医になったという従姉が二人もいる。

私も、この猫好きの血筋を引き、猫のおかげで、命拾いをしたことになる。

『ディア・アメリカ　戦場(ベトナム)からの手紙』

命拾いはしたものの翻訳作業がなくなりはしない。夕方になると現代書館に缶詰めになる地獄の日々はその後も続いた。

ある兵士の書いた〝Tiger Patrol〟と題された詩があり、〝tiger-stripped pants, Camels bit between parched lips〟というフレーズの中の〝Camels〟という語の意味がどうしてもわからなかった。「らくだが唇に噛み付く」では意味不明だ。前後のつながりを考えても、どうしても意味を理解できず、数日間、考え続けていたところ、アシスタントだった柳川さんが叫んだ。「中野さん、これって、煙草のことですよ！ＣＡＭＥＬ、キャメルですよ！」。一人の著者によらず、複数の兵士による手紙の集大成だったため、文化的背景がバラバラなのが最も苦労した点だったが、この〈Camel〉

＊クリント・イーストウッド (Clint Eastwood)
アメリカの映画俳優、映画監督、映画プロデューサー、政治家(一九三〇年—)。西部劇や刑事ものの俳優として人気を博す一方九二年『許されざる者』でアカデミー賞最優秀監督賞、二〇〇四年『ミリオンダラー・ベイビー』で二回目のアカデミー賞最優秀監督賞を始め、ゴールデングローブ賞他、監督としても多くの受賞歴あり。また選挙により八六年から二年間、カリフォルニア州カーメル市の市長を務めた。

＊『アメリカン・スナイパー』
アメリカ映画。二〇一四年製作＝二〇一五年日本公開。監督：クリント・イーストウッド。出演：ブラッドリー・クーパー、シエナ・ミラー。

はその一例だった。

クリント・イーストウッド監督の『アメリカン・スナイパー』（二〇一四年）を見ていて、『ディア・アメリカ』の中で最も印象に残った内容を思い出した。味方の誤爆による戦死が多かったことである。ベトナム戦争では、いつなんどき、うっそうと生い茂る密林から狙撃を受けるか分からない。それを恐れ、木の葉が落ちる小さな音にも反応し、銃を乱射してしまう。密林で戦う恐怖を何人もの兵士が綴っていた。大学進学のための奨学金を目的に入隊し、前線に向かう貧しい志願兵が多かった事実も初めて知った。家族からの手紙も収録され、それらからはアメリカ庶民の悲喜こもごもが滲み出ている。「ベトナムという、どこにあるのかも知らない国」と綴る母親——。アメリカ庶民にとってベトナムは遠く、参戦を納得できず、息子を戦場に送ることを受け入れられない家族の悲痛な声が聴こえてくる。イラン・イラク戦争でも多くの若者が命を落とした。生還した者も、『アメリカン・スナイパー』で描かれたようにＰＴＳＤに苦しみ、一生を棒に振る。犠牲になるのはいつも庶民である。その後も、アメリカ人にとり戦争は常に目前にある現実だ。

ところで『ディア・アメリカ』の正式邦訳書名は『ディア・アメリカ　戦場(ベトナム)からの手紙』である。原題は〝Dear America: Letters Home from Vietnam〟。映画の日本公開題名『ディア・アメリカ　戦場からの手紙』が先に決まっていたのだが、書名を決める際、「戦場にベトナムのルビを振らないと内容を一目(ひとめ)で伝えられない」、と菊地社

＊ＰＴＳＤ
Post Traumatic Stress Disorder の略称。心的外傷後ストレス障害。心に強烈なストレスを経験して、時間が経過してもその状態が続く症状のこと。

長に提案した。映画のタイトル、本の書名は顔である。一目で、あるいは一言で映画の内容を伝えられることは最も重要だ。宣伝を意識するきっかけになった一瞬だったと思う。このようにしてめでたく、一九八八年一二月の映画公開に合わせて本は刊行された。

『100人の子供たちが列車を待っている』配給裏話

一九八九年七月に池袋西武百貨店内のスタジオ200で、アメリカの女性たちが作ったドキュメンタリー映画『X指定』*を公開した。原題は"Rate it X"、つまり、〈成人指定〉を題名につけた本作を上映する際には、この時期、〈性の商品化〉が社会問題になっていたこともあり、映画上映だけではなくテーマに沿った内容の講演なども行った。スタジオ200は映画館ではないにもかかわらず、初日〈通例、公開日の事を〈初日〉と呼称しているので今後は単に初日とだけ書く〉に様子を見に行くと、中年男性がチラホラいるではないか！　真面目な男もいるものだ、と思って喜んだものの、たいてい途中で出てくる。何のことはない。映画は一般紙以外にスポーツ紙などでも取り上げられていて、おそらく記事を読んで色っぽい場面を期待してきたのだろうが、内容がアンチ・ポルノだったのでがっかりして中座したのだろう。今でも時折、高級官僚や政治家のセクハラを聞くが、性の商品化として問題になった時から約三十年を経ているのに、いまだにこの程度なのか、と怒りを通り越して、一部の日本人男性のお粗

＊『X指定』（原題：Rate It X）
アメリカ映画・一九八五年製作＝八九年七月一〇日日本公開。監督：ルーシー・ワイナー、ポーラ・デ・コーネッグズバーグ（ドキュメンタリー）。

『100人の子供たちが列車を待っている』

末な意識には呆れてしまう。恥ずかしくないのか！

さて、『X指定』を公開したこの年の十月、第一回山形国際ドキュメンタリー映画祭*で、『100人の子供たちが列車を待っている』*と出会った。

ニューヨークでNPOとはいえ、ドキュメンタリー映画を常設館で上映しているのを知ったことが、ドキュメンタリーの配給を手掛けるようになった理由の一つであり、第一回配給作品『ハーヴェイ・ミルク』の時には、同性愛に対する偏見や先入観で苦労したが、結果的には多く

＊山形国際ドキュメンタリー映画祭
一九八九年に第一回が行われ、以後、隔年で山形市で開催されている、アジア地域で初めてのドキュメンタリー専門の映画祭。

＊『100人の子供たちが列車を待っている』（原題：Cien Ninos Esperando un Tren）
チリ映画・一九八八年製作＝九〇年六月一日日本公開。監督：イグナシオ・アグエロ（ドキュメンタリー）。

の人が見てくれた。また、レズビアンやゲイの人たちをはじめ、さまざまな人と出会い、いい刺激を受け、得たものは大きい。その『ハーヴェイ・ミルク』が第一回山形国際ドキュメンタリー映画祭のプレ・イベントの中で、山形市内で上映されることになり、私も参加した。そんな縁もあり、映画祭にはその後も欠かさず参加している。

『100人の子供たちが列車を待っている』は、山形に行く前から楽しみにしていた。舞台は南米チリの貧しい地区にある教会の映画教室。子どもたちが自分たちで映画をつくりながらその歴史を辿っていく。女性教師のアリシア・ベガさんは、「勉強しましょう」ではなく、「遊びましょう」と子どもたちに話しかける。のびのびと遊んでいる子どもたちを見ながら、何としても東京の映画館で上映したいと思い、すぐに交渉を開始するつもりで帰京した。

東京に戻るのとほぼ同時だったと思うのだが、ユーロスペースの堀越謙三社長から電話がかかってきて、「『100人の子供たちが列車を待っている』は、中野さんに絶対に配給してもらいたい」、さらに続けて、「Aさんが『100人の子供たちが列車を待っている』を契約すると言っている。オレはあんなヤツに配給されたくない」と言うのだ。競争相手がいるとは思えなかっただけではなく、堀越さんとAさんとは親しい間柄だと思っていたので、二重に驚いた。競争相手がいると契約額は当然、吊り上がるが、そのような気配は微塵もなかった。堀越さんは続けて、「山形の飲み屋で読売テレビの編成担当者が、『100人の子供たちが列車を待っている』がいいと騒ぐから、今、中野さんが交渉している。あまり騒ぐと面倒なことになるからやめろ、と言っといた」。当時は特に親しかったわけではない堀越さんの申し出を、どう受け取ったらいいのか、判断をしかねたが、堀越さんのバックアップは必要不可欠だったので、単純に言葉通りに有難く受け取ることにした。

交渉が進み、ちょうどニューヨークに行く用事があったので、交渉相手のジョンと会い、契約内容の最終確認をして署名した。一緒に食事をした際に素知らぬ顔で「他に日本の業者からオファーがあったでしょう?」と聞くと「いや、誰からもない。あんただけだ」と言うではないか。

『100人の子供たちが列車を待っている』の日本配給にあたり、堀越さんと読売テレビの編成担当者の応援は心強く、映画館での公開後には、読売テレビでの放映も実現できた。地味なドキュメンタリーとしては異例のことと思う。

映画づくりの原点

『100人の子供たちが列車を待っている』の配給でも多くの嬉しい出会いに恵まれた。素晴らしい映画は、刺激的で豊かな出会いと発見をもたらす。映画の仕事に携わっていて最も嬉しいことである。

まず、蓮實重彦*先生にチラシに寄稿してもらった。先生直筆の文字が独特なのと、当時ヒットしていた『ニュー・シネマ・パラダイス』*を〈愚作〉と文中で酷評してい

＊蓮實重彦（はすみ・しげひこ）
文芸・映画評論家、フランス文学者、小説家（一九三六年―）。専攻は表層文化論。専門は多岐にわたるが、表層批評を実践した数々の映画論で大きな影響を与えた。『シネマの記憶装置』、『監督 小津安二郎』、『映画狂人シリーズ』など著書多数。一九九七年―二〇〇一年、東京大学総長を務める。

＊『ニュー・シネマ・パラダイス』
イタリア映画・一九八八年製作＝八九年日本公開。監督：ジュゼッペ・トルナトーレ。出演：フィリップ・ノワレ、サルヴァトーレ・カシオ。

たので、緊張して研究室に伺い「先生、これってよろしいのでしょうか?」と失礼にも伺うと、「ええ、別にかまいません」。研究室の椅子に座った蓮實さんは悠然と一言おっしゃっただけだった。

この作品の公開準備は、日本語字幕版制作から宣伝まで、楽しいものだった。字幕翻訳は、今やラテンアメリカ文学研究の第一人者である野谷文昭*さん。進行担当の柳川さんが画面の子どもたちを見て「かわいい!」を連発する。映画に登場するゾーイトロープ*やゾーマトロープは、映画学校に在学中の学生アルバイトが実際に作り、仕事の合間に、長い脚を机の脇に延ばしながら、それらで遊んでいたものだ。ゾーマトロープはいわゆるパラパラマンガである。この作品が公開されていた時に、ユーロスペースで働いていた土肥悦子さんはその後、金沢のミニシアター、シネモンドをオープンさせ、現在は〈こども映画教室*〉の活動を始めている。嬉しい実りだ。『100人の子供たちが列車を待っている』も『ハーヴェイ・ミルク』同様、現在に至るまでパンドラで配給を続けており、多くの人々に大切にされる作品となった。

この映画の公開に際して困惑した出来事が一つだけある。チリ在住のアグエロ監督に送った郵便物が一度も届かなかったのだ。書留にしても届かず、仕方がないので国際宅急便を使い、営業所止めにして監督に受け取りに行ってもらい、ようやく解決したのである。外国映画の配給とは日本以外の国との取引、つまり、異なる国の人々と付き合うということなのだと、この時、初めて実感した。当たり前だと言われそうだ

＊野谷文昭（のや・ふみあき）
ラテン・アメリカ文学研究者、名古屋外国語大学教授（一九四八年―）。訳書は『予告された殺人の記録』（ガブリエル・ガルシア＝マルケス著／九七年／新潮社）他多数。著書に『越境するラテンアメリカ』（八九年／ＰＡＲＣＯ出版局）他。

＊ゾーイトロープ、ゾーマトロープ
ゾーイトロープ(Zoe hydrotropes)は連続したイメージが描かれた回転ドラムを勢い良く回転させ、ドラムに開けられたスリットから覗くと、イメージが動いて見える仕組みの装置・玩具。

が、郵便物が届かない、など想像だにしなかったのである。

一九九〇年のさまざまな業務

『100人の子供たちが列車を待っている』の公開と並行して一九九〇年も、呆れるほど多くのプロジェクトを手掛けていたのだが、いずれも未知の人との出会いやテーマだったりなど、好奇心をそそられる内容だった。三月以降の業務を列記してみる。

三月：横浜市女性協会から受託した女性の転職や再就職のためのビデオ十本製作
六月：『100人の子供たちが列車を待っている』の公開
七月：〈「撮影現場で働く女性たち」映画とビデオの上映とコンフェランス〉の企画協力と参加
八月：「ニュースフィルムにみる昭和の歩み」（ニュースフィルムの集中上映と講演）（共催と会場は池袋西武百貨店内のスタジオ200）
書籍『買う男　買わない男』（福島瑞穂さんと中野との共著／現代書館）の編集
九月：『月日ノオト』の発行
十月：書籍『バトルセックス』（西部邁&舟橋邦子、田中優子&栗本慎一郎、三井マリ子・田原総一郎の組み合わせによる対談集／現代書館）の編集
映画『幻舟』*と『八重桜物語　オーストラリアに渡った戦争花嫁たち』*の公開

ソーマトロープ(Thaumatrope)は円板やカードの両面に絵を描き、紐を取り付けるなどして素早く回転させることで両面の絵が交互に見え、残像現象によって一つの画像に見える仕組みの玩具。

***こども映画教室**
映画の仕組みをわかりやすく体験するワークショップやさまざまな名画の鑑賞などを通し、子どもたちの育成をはかる催し。金沢コミュニティシネマ等の主催により二〇〇四年に金沢で始まった。

頼まれると断りきれない性分と、自分の関心がおもむくままに、思いついた企画を口にし、「面白そう!」と反応があると、すぐさまに実現に向けて走り始めてしまう。お調子者なのだ。

この頃、会社設立前から一緒に仕事をし、パンドラの礎を共に作ってくれたビッキーさんが「辞めたい」と言い出す。『東京おんなおたすけ本』の編集を担ってくれた大野邦代さんから、「ビッキーは、アンタを決して裏切らない人だから大切にするんだよ」と、言われていたこともあるのだが、理由は皆目見当がつかない。だが、決意は固そうだ。しばらく後に、現代書館の菊地社長が「アンタなァ、会社を閉じたいと言わなかったか?」と聞いてきた。ちょうど、『東京おんなおたすけ本　PartⅡ』の失敗が判明した頃だった。「しょっちゅう言っているよ」とケロッとして答えると、「ビッキーはなあ、それを聞いて不安になったんだよ。絶対にそんなことを言っちゃあダメだ」。身から出たサビだと、受け止めるしかなかった。ビッキーさんに去られるのは辛かったが仕方ない。

以後、スタッフを不安にするようなことは決して口にしないと心したのだが、不思議なことに、それからは、債務超過の時期があったのにもかかわらず、会社を閉じようと思ったことは一度もなく、今に至っている。

そういえば、一九九二年一二月にユーロスペースで、ニュージーランドの女性監督ジェーン・カンピオン*の初期短編三本『ピール』*『キツツキはいない』『彼女の時間割』

＊『幻舟』(原題:Eat the Kimono)イギリス映画・一九八九年製作=九〇年一〇月八日日本公開。監督:キム・ロンジノット、クレア・ハント、ジェーン・ベンサム、シャノ・ウィリアムス、トゥルディ・ディヴィーズ(ドキュメンタリー)。

＊『八重桜物語 オーストラリアに渡った戦争花嫁たち』(原題:Green Tea and Cherry Ripe)オーストラリア映画・一九八九年製作=九〇年一〇月八日日本公開。監督:スールン・ホアス(ドキュメンタリー)。

を公開している。『ピアノ・レッスン』（九三年）で女性として初のカンヌ国際映画祭のパルム・ドールに輝き、やはり女性として初のカンヌの審査委員長となったカンピオンの最初期作品は、ちょっとずれたところのある作風で、気に入ったので配給したのだが、無名に等しかったためか、ユーロスペースでの公開中、動員ゼロの回があったのである。映写担当者から「どうしますか」と電話を受け取ったので、「しばらくしてもそのママだったら、やめていいよ」。

同じく一九九二年だったと思うのだが、河瀬直美さんの『につつまれて』（九二年）を見て、自分を対象化する表現に、他に例のない類稀な才能の萌芽を感じた。彼女に連絡し、私が個人で主宰していた〈女性映像製作者を支える会〉での上映や、山形国際ドキュメンタリー映画祭や外国の映画祭への出品を勧めてみた。それに快く応じたまだ二十歳を過ぎたばかりだった河瀬さんは、パンドラの傾いた事務所に通ってきて、自分で積極的に出品に向けての事務作業に取り組んでいた。才能はもとより、当時から実にしっかりした人だったので、世界的な監督にまで成長したのは頷ける。

〈放浪の旅〉から始まった『レニ』

一九九五年、ドキュメンタリー映画『レニ』* を配給した。

あれは『ハーヴェイ・ミルク』の日本での最初の上映から三、四年ぐらい後だったと思うのだが、友人たちとサンフランシスコを訪れた時、"The Wonderful, Horrible

＊ジェーン・カンピオン(Jane Campion)
ニュージーランド出身の映画監督（一九五四年―）。オーストラリア・フィルム・テレビジョン・アンド・ラジオスクール在学中に発表した『ピール』（八二年）がカンヌ国際映画祭短編グランプリを受賞。『スウィーティー』（八九年）で長編映画デビュー。『ピアノ・レッスン』の他に、『エンジェル・アット・マイ・テーブル』（九〇年）、『ある貴婦人の肖像』（九六年）などがある。

＊『ピール』（原題：Peel）
オーストラリア映画・一九八二年製作＝九一年一二月一四日日本公開。九分。

『キツツキはいない』（原題：Passionless Moment）
オーストラリア映画・一九八四年製作＝九一年一二月一四日日本公開。一二分。

『彼女の時間割』（原題：A Girl's Own Story）
オーストラリア映画・一九八四年製作＝九一年一二月一四日日本公開。二七分。

Life of Leni Riefenstahl〟というタイトルの映画をかけている映画館があり、レニ・リー*フェンシュタールの写真を使ったポスターが目に飛び込んできた。上映時間は三時間を超えていたのだが、私が見ると言うと、一緒に旅行中の友人二人が「自分たちも」とついてきた。二人の仕事は映画とは無関係で、しかもレニ・リーフェンシュタールについての知識がなく、ドイツ語は理解せず、英語も得意ではなかったのだが、三時間、眠らなかったばかりか、終了後は異口同音に「面白かった」と興奮しているではないか。ならば、日本で上映してみよう！　一九三四年にニュルンベルクで開催されたナチ党大会を記録した『意志の勝利』（三五年）、三六年のベルリンオリンピックの記録映画『オリンピア』（三八年／『民族の祭典』『美の祭典』の二本で構成）を監督し、戦後は写真集『ＮＵＢＡ ヌバ』で世界的に知られるドイツ人女性、レニ・リーフェンシュタールの生涯を追った、二部構成一八二分という長尺のドキュメンタリー映画である。

配給権はすぐに契約できたものの、東京でのロードショー館がＢＯＸ東中野（現・ポレポレ東中野）に決まるまで、五館に断られた。〈放浪の旅〉が続いていたのである。「真面目で面白くない」が定評のドイツ映画で、しかもドキュメンタリー、さらに一八二分の長尺。見ようともせずに門前払いの映画館すらあった。ところが、ＢＯＸ東中野の山崎陽一*支配人が、日本語字幕のない三時間を超える本編を見て一言「面白かった」と。この一言をもって〈放浪の旅〉は終わった！

公開劇場が決まるとすぐに字幕に取り掛かる。英仏独語の三か国語に精通する旧知

＊『レニ』（原題：Die Macht der Bilder：Leni Riefenstahl）
一九九三年製作＝九五年七月八日日本公開　監督：レイ・ミュラー　レニ・リーフェンシュタールの生涯を追ったドイツ、イギリス、フランス、ベルギーによる共同製作のドキュメンタリー映画。

＊レニ・リーフェンシュタール（Leni Riefenstahl）
ドイツの映画監督、写真家（一九〇二年―二〇〇三年）。

＊山崎陽一（やまざき・よういち）
残念ながら二〇一五年一二月に六〇歳の若さで急逝された。『ナヌムの家』『レニ』を始め、数多くの上映困難なドキュメンタリーを引き受けていただき、感謝している。

＊伊藤明子（いとう・あきこ）
翻訳家（一九四三年―）。訳書に『死を招く援助』（一九八七年／亜紀書房）、『女性と経済―主婦化・農民化する世界』（二〇〇四年／日本経済評論社）他、共訳書に『チェルノブイリは女たちを変えた』（一九八九年／社会思想社）、『パリは女』（九八年／パンドラ）他多数。

『レニ』

の伊藤明子さん[*]と取り組んだ。世田谷の伊藤さん宅に通い、数か月間、悪戦苦闘したが、間に合わず、最初のマスコミ試写を延期せざるを得ないほど、字幕の完成には時間がかかった。なかでも忘れられないのは〈ブロイケ〉である。映画に『オリンピア』の記録映像が引用されていて、平泳ぎの決勝で実況アナウンサーが「ブロイケ」と叫ぶ。英独両方の採録台本にも「ブロイケ」と書かれた人物が登場するのだが、西洋人っぽく見えない。どう見てもアジア系の容貌であり、入賞しているのに、日本のオリンピック記録にもブロイケの名前は見当たらない。困っていた時、予告編編集のパイオニアである佐々木徹雄さん（『三分間の詐欺師―予告編人生』（二〇〇〇年／パンドラ）の著者）から「ブロイケではなく小池です」と電話がかかってきた。一九三六年ベルリンオリンピック男子二百メートル平泳ぎで、銅メダルを獲得した小池禮三選手のことであった。

当時、マスコミ試写開始日は公開予定日から逆算して、遅くとも三か月前[*]に開始するのが慣例だったのだが、『レニ』は大幅に遅れて、初日が七月八日（土）なのに、試写開始はゴールデンウィーク直前の四月一六日になってしまった。つまり三か月を切っていたのだが、さほど焦った記憶がないのは、五館に断られていたこともあり、また、私の気に入る映画は、いつも宣伝に苦労していたから、その程度では焦らなくなっていたからだろう。ところが、試写は回を追うごとに話題となり、出席する批評家やライター、編集者が増え、ついに試写室が溢れ、座席を巡りケンカまで起きる事

＊三か月前
インターネット普及以前は、月刊誌での映画紹介記事は宣伝的に効果大であった。当時、月刊誌の記事入稿締め切りが発売日からおよそ三か月前であったところから起因している。

態になり、床に座ってでも見たいという人まで現れたほどである。

『レニ』はヒットした。この作品は、かなり早い時期にＮＨＫがＴＶ放映権だけをドイツのプロデューサーと直接契約してあったために、日本での映画公開前に既にＴＶ放映されていた。それにもかかわらず、観客動員は上々で、映画館に入れない観客を整理するための人手が足りず、パンドラからも東中野まで毎日、スタッフが応援にかけつけた。映画館で販売しているリーフェンシュタールの自伝[*]、映画のプログラムやカード、ポスターなど全てを買ったけど他にも何かあったらもっと欲しい、とパンドラのオフィスまで訪ねてきた女性がいたほどだ。プログラムは増刷しなければならなくなった。増刷は『ハーヴェイ・ミルク』以来の出来事である。ヒットしたので、無理を承知で、当初の四週間限定公開という日程を工夫してくれるよう、山崎支配人に頼んだのだが、残念ながら四週間で終了。九月に再上映してくれたのだが、時すでに遅し、だった。

ところで、公開準備中の二月にベルリンに出張する機会があり、ミュンヘンのレニの自宅を訪問しようとしたのだが、当時九〇歳を超えていたのに、モルジブ（だったと思う）の海に泳ぎに行っていて会えなかった。このパワーは一体どこから来るのだろうか……。

＊リーフェンシュタールの自伝
『回想』上・下巻（一九九一年／椛島則子訳／文藝春秋／九五年に文春文庫に）

レニの奇抜な発想

『レニ』の予告編のディレクションは、村山彰さんにお願いした。村山さんは東宝東和を退社し、宣伝制作会社プランニングOMを始めていた。彼が予告編の制作会社ガル・エンタープライズのベテラン、西川泉さんと二人三脚で担ってくれた。フランス映画社勤務時代、私が全洋労（ぜんようろう）の組合員で、村山さんが、東宝東和の従業員組合の委員長をしていたのが縁で知り合ってからの付き合いだ。邦題の検討、予告編、チラシ、ポスター、マスコミ用プレスなどの宣材物の作成は、配給側の宣伝コンセプトを的確に盛り込まなければならないために、映画の宣伝業務の中で最も重要である。ソクーロフやヘルツォーク*、パラジャーノフ*監督作品など、アート系と言われる映画の宣材物の作成は、仕方がないので自分で担うが、それら以外の多くの作品の宣材物作成は、彼のセンスと経験を信頼して任せている。

『レニ』の予告編編集時、村山さんが、画面を見ていて「目が回った」と言う。飛び込み競技の場面だ。何人もの選手が飛び板を跳ね、宙を舞い、くるくると回ってプールに飛び込むカットが続くから、確かに目が回る。実はこのカットでは、レニが奇抜な発想を駆使しているのだった。空を背景に、脚を抱えて飛び込む選手が回るカットを逆に編集して連続させる、つまり、プールに着水する部分を冒頭にし、飛び出すところをラストにして編集してあるのだ。なかなか思いつかないアイディアである。マラソン競技の撮影のために、競技終了後、再度、選手を走らせたことはよく知られ

＊ヴェルナー・ヘルツォーク(Werner Herzog)
ドイツの映画監督(一九四二年―)。ヴェンダース、ファスビンダーらと並び、ニュー・ジャーマン・シネマの代表的な監督として知られる。主な作品に『アギーレ／神の怒り』(七二年)、『カスパー・ハウザーの謎』(七四年)、『フィツカラルド』(八二年)など。

＊セルゲイ・パラジャーノフ(Sergei Parajanov)
ソ連の映画監督、脚本家(一九二四年―九〇年)。主な作品に『火の馬』(六四年)、『ざくろの色』(七一年)、『スラム砦の伝説』(八四年)など。

ているが、飛び込みでもこのような手法を用いていたのだから、他の競技でも気づかないことがあるのだろう。これらについては瀬川裕司*さんが『美の魔力　レニ・リーフェンシュタールの真実』（二〇〇一年／パンドラ）で、彼女の用いたさまざまな手法を指摘している。同書はレニ・リーフェンシュタール本人に長時間にわたってインタビューし、作品を一カットずつ緻密に分析したみごとな研究書で、芸術選奨文部科学大臣新人賞を授与されている。

映画『レニ』が観客を魅了したのは、レニ自身が、激動の時代の表舞台を生きたという事実に加え、その毀誉褒貶（きよほうへん）の多い人生を裏付ける当時の映像が豊富に使われていたことが大きい。本作の監督を希望する多くの候補者の中から、彼女自身が選んだレイ・ミュラー*監督は、一人の女性の人生に的を絞り、全編を時代の流れに沿ってつくりあげている。ヒトラーもゲッベルス*も映画が大好きで、欧州戦線に多くのカメラマンが従軍して命を落としているのは、広く知られている事実だ。保存されているそれらナチ支配下の映像を自由に使えたことも映画を充実させる背景にあった。同時に、このような人物を正面から記録する映画製作ができた背景には、ドイツという国による、適切な敗戦処理があったことを見逃してはならないと思う。ドイツ人が時折、「ナチがやったこと」と他人事のような言い方をすることもあるが、敗戦処理を曖昧にしたままの日本に比べると、遥かに誠実ではないか。当時、仕事で会うドイツ人に

＊瀬川裕司（せがわ・ゆうじ）
ドイツ文学者、ドイツ・オーストリア映画研究者（一九五七年―）。『美の魔力　レーニ・リーフェンシュタールの真実』以外の著書に『ナチ娯楽映画の世界』（二〇〇〇年／平凡社）、『ビリー・ワイルダーの映画作法』（一二年／明治大学出版会）、『『新しき土』の真実　戦前日本の映画輸出と狂乱の時代』（一七年／平凡社）他多数。

＊レイ・ミュラー（Ray Müller）
ドイツの映画監督・脚本家・プロデューサー（一九四八年―）。七〇年代半ばからテレビや映画のドキュメンタリー監督、プロデューサーとして活動。『レニ』の製作・監督で国際エミー賞など各賞を受賞。

＊ゲッベルス（Paul Joseph Goebbels）
ドイツの政治家（一八九七年―一九四五年）。ナチス・ドイツの宣伝相を務め、プロパガンダの天才と呼ばれた。一九四五年、家族と共にヒトラーを追い自殺。

"Die Macht der Bilder"（『レニ』のドイツ語原題で、意味は〈映像の力〉とでもいったらいいだろうか。英題の"The Wonderful, Horrible Life of Leni Riefenstahl"〈レニ・リーフェンシュタールの素晴らしく、おぞましい人生〉とはかなり意味が異なる）を配給すると言うと、苦々しい表情を浮かべる人が何人かいたものだ。

『意志の勝利』『オリンピア』（『民族の祭典』『美の祭典』）、そして戦後の写真集『ＮＵＢＡ　ヌバ』。ナチを鼓舞した、ヒトラーと寝た女、などなど、彼女は、さまざまに評されているが、私が思うに、彼女は権力好きな庶民そのものだと思う。哲学を持たない科学者や芸術家は権力の走狗になる、その典型のような人だったと思う。生まれ落ちた時代が異なっていたら、傑出したＣＭディレクターになっていたのではないだろうか。

ところで、その年の武蔵野興業*の反省会で『レニ』を断ったことが五つの反省点の中のトップだったと、断った当人の石井保支配人（故人）がわざわざ知らせてきた。率直な石井さんらしい、と微笑ましく思った。腎臓を患っていた石井さんは五〇代の若さで亡くなったが、訃報を聞いて、すぐに思い出したのはこのエピソードだった。

＊武蔵野興業
一九二〇年に設立された映画興行の老舗的会社。新宿武蔵野館、シネマカリテを運営。

第Ⅱ章　世界各国・各地の映画を配給する

（一九九五年～二〇〇〇年）

一　ソクーロフとゲルマン

アレクサンドル・ソクーロフとの交流

一九八九年一一月一〇日、ベルリンの壁*が崩壊し、二年後の一九九一年一二月二五日、世界初の社会主義国家として一九二二年に成立したソビエト連邦（以後、ソ連と表記）が解体した。ソ連政権当時も、日本海映画*を通して年に数本が日本でも公開されていたが、それらが一部にすぎなかったことを、解体により知ることになる。

先鞭をつけたのが、一九九二年六月に有楽町朝日ホールで開催された〈レンフィルム祭〉（国際交流基金や朝日新聞社などによる共催）で上映された作品群だった。ベールを脱いだ映画大国ソ連は、アレクセイ・ゲルマン*、ヴィターリー・カネフスキー*、セミョーン・Ｄ・アラノヴィッチ*、そしてアレクサンドル・ソクーロフと、類稀な才能を世界に披露した。『わが友イワン・ラプシン』『道中の点検』『動くな、死ね、甦れ！』『私はスターリンのボディガードだった』『日蝕の日々』等々、見ごたえのある作品が並ぶ。ヨーロッパ映画ともアメリカ映画ともアジア諸国の映画とも、もちろん、日本映画とも全く異なる独自な作風に驚く。隣家や表を行き交う人々の話し声が聞こえてくるような狭くてじめじめと湿った土地での暮らしからは、到底つくりえないだろう映画ばかりだ。パーンとはじけるような明るさや華やかさはないのだが、息苦しさを感じさせず、思索的な面もあり、素朴さも垣間見える。それが封を解かれたロシア（ソ

＊ベルリンの壁
アメリカとソ連による東西冷戦時代の象徴的存在。ドイツは第二次世界大戦敗戦により、アメリカ、フランス、イギリス、ソ連の四か国により分割統治され、首都ベルリンもこの四か国により分割統治されることになり、西ベルリンはアメリカ、フランス、イギリス、東ベルリンはソ連の統治となった。当初、東西の行き来は自由であったが、東ベルリンから西ベルリンへの流出が続いたので、一九六一年、突然、東ドイツが西ベルリンを包囲する形で一五五キロに渡り有刺鉄線をはりめぐらし、後にコンクリートの壁をつくった。その壁を指す。八九年一一月九日、東欧革命による混乱期、東ベルリン市民が西ベルリンに向けて国境検問所に殺到したことで、壁は突然崩壊した。六一年から八九年の間、自由を求めて、東ベルリンから西ベルリンへと壁を越えようとして、多くの犠牲者が出ている。

連）映画に対する最初の感想であった。映画ファンの熱気に包まれた会場に通う。

この映画祭で見て、まずパンドラで配給することにしたのが、ソクーロフの『日蝕の日々』（八八年）である。舞台は中央アジアのトルクメニスタン。原作は*ストルガツキー兄弟によるSF小説『世界終末十億年前　異常な状況で発見された手記』。

ロシア人青年医師マリャーノフは、論文を書き上げるために、うだるような暑さのなか、上半身裸でタイプに向かう日々を送っていたのだが、ある日、送り主不明の小包を受け取る。入っていたのは海老。姉が突然やってきたかと思うと、謎の死を遂げる技術者が登場し、突然、家の前に少年が横たわっている、など理解不可能な出来事が続き、マリャーノフは世界が終末に向かっていると感じ始めるのだった。――と、一応、全体を構成する物語はあるのだが、何が何だかわけの分からない部分も多く、しかも二時間を超える長尺なのだが、見入ってしまう魅力に満ちている。台詞のない画面に、民族音楽が流れる冒頭のシーンが（一〇数分間だっただろうか）気に入って、宣伝用の解説を書くためでもあるのだが、公開準備の数か月間、毎日、この部分だけを見ていた。今でも、音楽と画面を思い出すと、何とも形容しがたい豊潤な気持ちに包まれる。

突然、空の彼方から眼前に迫ってくる地面。街角で何をするでもなくしゃがみ身体を揺らす男性。後年、ソクーロフに確認したところ、カメラマンはパラシュートで撮影しながら飛び降りたのだそうだ。それで着地した瞬間、地面が迫るように見えたわ

＊日本海映画
一九五六年、日ソ両国の文化交流を目的に、ソ連映画輸出入公団の極東代理店として設立された輸入配給会社。九一年のソ連解体後、社名をロシア映画社に変更。

＊レンフィルム
旧レニングラードにある撮影所で、都市の名称がソ連解体後、サンクトペテルブルクとなった現在も、撮影所の名称はレンフィルムのままである。

＊アレクセイ・ゲルマン（Aleksey German）
ロシアの映画監督（一九三八年―二〇一三年）。七一年、父親で作家のユーリー・ゲルマンの小説を映画化した『道中の点検』を発表するも、検閲により上映禁止処分を受ける。主な作品に『戦争のない20日間』（七六年）、『わが友イワン・ラプシン』（八四年）、『フルスタリョフ、車を！』（九八年）、『神々のたそがれ』（二〇一三年）など。

けだ。とんでもないことを要求する監督も監督であるが、それを受け入れるカメラマンのプロ根性もなかなかなものである。しゃがむ人々は知的障がい者、とのことだった。また、小高い丘から眼下の町を眺める青年と、その町の大きさのアンバランス、溶けてゆく壁。どれも印象深い。そして、延々と続く荒涼とした黄色い大地を列車が行く終章。この場面も後年、ソクーロフに確認すると、黄色い大地はウラン鉱採掘の跡地とのことだった。ソ連の核開発による置き土産である。

翌一九九三年、第三回山形国際ドキュメンタリー映画祭に出品された『ロシアン・エレジー』（九三年）にも驚いた。

まず、何よりも音の設計が素晴らしい。映画の冒頭、暗闇の彼方から聞こえてくる微かな息づかい。沈黙の画面から音が浮かび上がるとでも表現したらいいだろうか。豪華絢爛とは程遠く、藁で暖をとるようなロシアの貧しい庶民の暮らしや殺風景な病床、従軍する兵士のきょとんとした表情など、画面に現れるいずれもがモノクロで地味な色合いなのだが、一幅の絵画であった。古びたセピア色の写真にカメラが近寄ると、写真の中の人物が浮き上がり、息づかいさえも聞こえてくるようだ。あくまでも静かで、ひっそりとしているのに、不思議な色気さえ漂う。

ソクーロフはキャリアのスタートから、他の監督とは一線を画している。第一回監督作、全ソ国立映画大学の卒業制作である『孤独な声』（七八年）の作風も特異だ。恋愛映画とのことだが、とてもそうは思えない。個性的な容貌のヒロインとヒーロー。

＊ヴィターリー・カネフスキー (Vitali Kanevsky)
ロシアの映画監督（一九三五年—）。五三歳のときにゲルマンに見出され、長編一作目となる『動くな、死ね、甦れ！』（九〇年）がカンヌ国際映画祭カメラ・ドールを受賞し世界的に知られるように。主な作品に『ひとりで生きる』（九一年）、『ぼくら、20世紀の子供たち』（九三年）など。

＊セミョーン・D・アラノヴィッチ (Semyon Davidovich Aranovich)
ウクライナ出身の映画監督（一九三四年—一九九五年）。映画界に入る前は軍のパイロットだったという異色の経歴の持ち主。主な作品に『私はスターリンのボディガードだった』（八九年）、『アイランズ／島々』（九三年）など。

＊アレクサンドル・ソクーロフ
三一ページの脚注参照。

『ロシアン・エレジー』

作中、労働者が大きな歯車のようなものを牽(ひ)くシーンは、西側諸国の旧来のイメージの労働者であり、どう見ても労働は苦役だと描かれている。当局はその点が気に入らなかったのだろうか。『孤独な声』は上映禁止処分を受け、その後、ペレストロイカ*まで彼の監督作が陽の目を見ることはなかった。だが、当時、この作品とソクーロフの才能をタルコフスキーが擁護し、次のように言ったと伝えられる。「この映画にも欠点はあるが、それは天才の欠点だ」。ちなみに、ソ連政権当時、しかも政権解体前後の混乱期間にさえ、映画は共産主義の有効なプロパガンダの道具であったためか、製作資金は全額が政府から拠出されていた。従って、ソクーロフ作品の場合、国は上映するあてのない、それどころか、大衆の目に触れさせたくないであろう映画に、資金を提供し続けたことになるのだから、それも信じられない。

『ロシアン・エレジー』の日本配給権について山形でソクーロフと会う約束

＊ストルガツキー兄弟
ソ連時代のSF作家。兄アルカジイ（一九二五年―九一年）と、弟ボリス（一九三三年―二〇一二年）の兄弟で共作。アンドレイ・タルコフスキー監督の『ストーカー』（七九年）の原作でも知られる。

＊『ロシアン・エレジー』（英題：Elegy from Russia）
ソクーロフ監督のドキュメンタリー連作〈エレジー・シリーズ〉の七本目にあたる作品。一九九三年製作＝九五年一二月一六日日本公開。

＊全ソ国立映画大学
一九一九年創立のモスクワにある世界最古の映画教育専門大学。パラジャーノフ、タルコフスキー、ソクーロフのみならず、オタール・イオセリアーニも卒業生である。

＊ペレストロイカ
ロシア語で立て直しや再構築の意味。一九八五年、ソビエト連邦共産党書記長になったミハイル・ゴルバチョフにより推進され、九一年のソ連連邦解体につながった。

をしていた。ところが、映画祭での上映後、話題となるや、映画祭参加者の間では、『100人の子供たちが列車を待っている』で触れたAさんが日本配給権を持っているることになっているではないか。それが耳に入ってきても何もコメントせず、ソクーロフに会った際に、「バージョンが二つあるのか」と、確認したところ、「いや、一つだけで、契約相手はパンドラだ」。またしても、と不愉快な、というよりもうんざりしたが、特にそれを吹聴する必要もないので、黙っている間に、映画祭は無事終わり、『ロシアン・エレジー』は観客賞を授与された。

それ以後、ソクーロフとはサンクトペテルブルクやベルリンなどでも会う機会が増えた。ソクーロフはさほど大柄ではなく重量挙げの選手のような体格で、その語り口は常に静かで落ち着いている。知り合ってほどなくしたある日、東京都心のとある超高層マンションの前に立ち、建物を見上げて「素晴らしい建物だ。こんなところに住めるのはロシアでは共産党幹部だけだ」と語っていたのが印象に残っている。

『日陽(ひび)はしづかに発酵し…』

ところが、『ロシアン・エレジー』の東京公開の映画館を決めようとしたところ、予想もしない出来事に見舞われた。最初に公開を検討してくれるように依頼した映画館は、シネ・ヴィヴァン・六本木であった。すると、映画を見ることもなく支配人が「実は、できないんですよ」と言うではないか。「Aさんからすごい圧力で」と続ける。

＊お蔵(くら)入り
完成、もしくは外国映画の場合は、契約しても公開するメドがたたない状態の映画の事。倉庫(蔵)にしまわれたままの状態を指すことから、使われるようになったのだろう。

＊銀座テアトル西友
銀座一丁目の銀座テアトルビル内にあった映画館。一九八七年オープン。後に銀座テアトルシネマと館名を変更。二〇一三年に閉館。

＊『日陽(ひび)はしづかに発酵し…』(英題：The Days of Eclipse)
ソ連映画・一九八八年製作＝九五年六月一七日日本公開。監督：アレクサンドル・ソクーロフ。出演：アレクセイ・アナニシノフ、エスカンデル・ウマーロフ。

どうやら「自分が日本配給権を持っている」と吹聴していたのに、蓋を開けたらパンドラが持っていたことが判明し、ウソがバレたことへの腹いせで圧力をかけてきたようである。それに屈する映画館も映画館である。「バカバカしい」と、今だったら一笑に付して強引に押し切ってしまっただろうが、当時は途方に暮れ、宮重を始めスタッフには何も言わず、悶々としているうちに数か月間が過ぎていった。『ロシアン・エレジー』だけではなく『日蝕の日々』も控えている。二本をお蔵*入りさせるわけにはゆかない。そんなある日、この窮地をどうして知ったのか、当時の〈銀座テアトル西友〉*の榎本支配人が手を差し伸べてくれた。作品を見た上で、レイトショーでの上映を決め、『日蝕の日々』のために新たな邦題まで考えてくれたのであった。『日陽はしづかに発酵し…』の誕生である。想像もしない邦題なのだが、乾いた土地のうだるような暑さが表現されている、と榎本さんのセンスに感心した。

公開は『日陽はしづかに発酵し…』を一九九五年六月に、同年の一二月に『ロシアン・エレジー』と決まった。『日陽はしづかに発酵し…』の初日（一九九五年六月一七日）に合わせて、監督も来日することになったが、マスコミの反応がイマイチ鈍い。モタモタしているうちに時間は過ぎてゆく。ところが、初日に不安を抱えて映画館に着いた私たちを待っていたのは、予想もしない現象だった。銀座テアトル西友は確か五階にあったと思

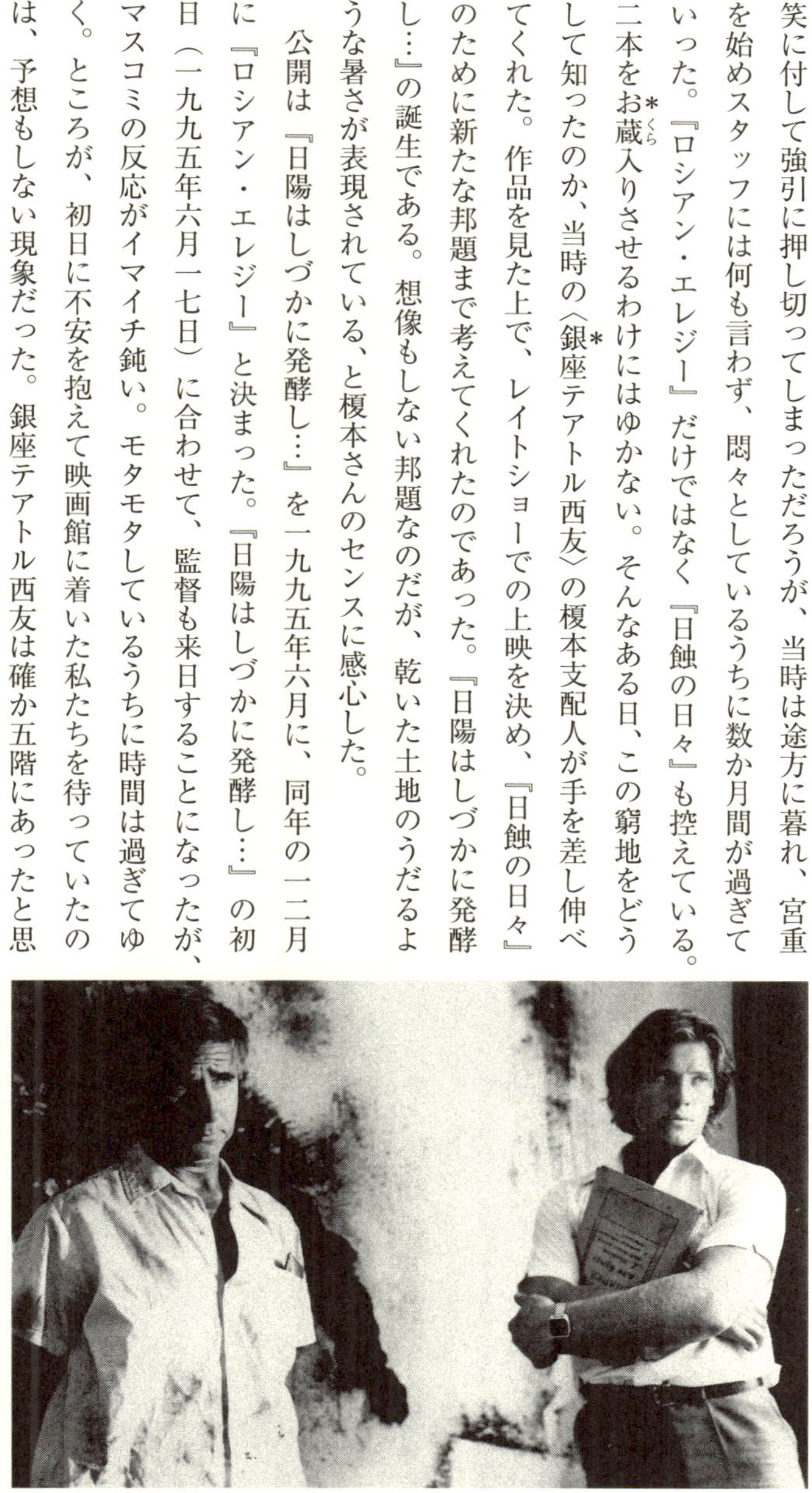

『日陽はしづかに発酵し…』

うのだが、映画館内の裏階段に、開場を待つ観客により長蛇の列ができていたのである。行列の最後尾を確認するために、五階から下ってゆくと、列の中に現代書館の菊地社長が一人で並んでいるではないか！「この監督、すごい評判だからさぁ」。これにも驚いた。

『日陽はしづかに発酵し…』と『ロシアン・エレジー』をパンドラによるソクーロフ監督作の日本配給の第一弾として、以後、『チェチェンへ アレクサンドラの旅』*（二〇〇七年）まで、十五本以上の日本配給を手掛けることとなった。前述の二本は、後述する『ナヌムの家』の公開と前後していたが、どれも素晴らしい作品であり、私自身は気に入っていたので準備は苦にならなかった。特に翻訳者と共に仕上げる日本語字幕と、マスコミ対象の資料であるプレスづくりは楽しくてならなかったが、実は、宣材作成を、結果として自分で担うことになったのは想定外であった。

『ナヌムの家』は〈戦時性暴力〉がテーマなので、自分で担わなければならない、とは覚悟していたが、ソクーロフ作品の宣材は、いつものようにプランニングOMの村山さんにお願いできる、と信じ込んでいた。なので、まず最初に、村山さんと当時のプランニングOMの繁村会長（故人）と、もう一人か二人のOMのスタッフに、当時の松竹本社の地下にあった第二試写室で『日陽はしづかに発酵し…』を見てもらったのである。試写終了後、私が誰かと話している間に、彼らの姿が消えている。急いで一階にあがると、入り口の椅子に彼らが座っているではないか。すると村山さんが、「あ

＊『チェチェンへ　アレクサンドラの旅』（英題：Alexandra）
ロシア・フランス合作映画・二〇〇七年製作＝〇八年一二月二〇日日本公開。監督：アレクサンドル・ソクーロフ、出演：ガリーナ・ヴィシネフスカヤ、ヴァシリー・シェフツォフ。

の映画ってさあ、どういうの?」と聞いてくるので、「えっ、素晴らしいじゃない!」と応えると、「ン?…?…?…」――呆れたような表情だ。この反応を見て、宣材作成は自分で担うしかない、と諦めた。

また、パブリシティ担当の宣伝スタッフも、かなり苦労したようだ。インターネット普及以前である。雑誌や新聞で記事として取り上げてもらうことはたいへん重要なのだが、九〇%近い評論家、記者やライター、編集者の反応が〈?…?…?〉だったからだ。実際、『日陽はしづかに発酵し…』ではマスコミ試写の際、映写技師がフィルムの五巻目と六巻目の順を間違えたことがあったのだが、苦情も出なかったし、指摘する人もいなかったのである。

静止画のような四〇分間

ある時、来日中のソクーロフが、タジキスタンの内戦*の映画を撮りたいと突然語り始めた。自分は経費をかけない、早撮りする、と説得する口調は能弁だ。そこで共同プロデューサーを引き受けると、ソクーロフはさっそくカメラマンと二人で戦場に向かった。出来上がった作品の一部、確か四〇分ほどの長さのビデオだったと思うのだが、受け取ったのは一九九五年の秋か、一九九六年になっていたかもしれない。ちょうど、山形国際ドキュメンタリー映画祭の矢野和之さんも会社に来ていたタイミングで、一緒に見ることになった。

＊タジキスタンの内戦
一九九一年、ソ連解体により成立したタジキスタン共和国で、九二年、タジキスタン共産党政府と野党側のイスラム系勢力との間で戦われた内戦。国連監視団の介入により、九七年、内戦は終結した。

見終わって、「これはいいよ」と喜んでいる矢野さんとは真逆に、私は途方に暮れてしまっていた。ほとんど動きのない画面が延々と続くのである。凍っているような湖の彼方に繁る木々が見える。微かに煙が立ちのぼり、最後に群れをなして鳥が湖面を渡っていく。もちろん、人影はない。デレク・ジャーマン監督の『BLUE ブルー』(九三年)を思い出した。『BLUE ブルー』は、題名通り全編ブルーの画面が続くのだが、そこに監督自身のモノローグが入っていた。だが、ソクーロフの方は完成前なので、もちろん、モノローグもない。まるで静止画のような四〇分ほどの映像を前に、公開に向けてどう宣伝を進めていくべきか、アイデアが全くわかず、何も手を付けることができなかった。後に、完成版の全編を送ってきた際、本人が、「あれをつくらなければ、先に進めなかった」と言ってきたのだが。

さらに驚いたことに、数か月後に送られてきたその全編は、五話で構成され、上映時間は合計で三二八分もあったのだ。驚きながらもすぐに全編を見る。最初に受け取っていた四〇分の映像についての印象とは異なり、傑作だと思った。人気のない山を数名のロシア軍兵士が戦車に乗り、戦場に向かう。銃を携行した兵士が数人、歩いているのが見え、時折、バチ、バチ、と銃を撃つ音が響く。銃は連射音ではない。まだ幼さの残る若い兵士が、戦闘の合間に岩にもたれて読書をしている。束の間に休暇に兵士たちが連れ立って食事をしながら、お酒を酌み交わすシーンもある。最初に送ってきた例の動きのなかった画面には、ソクーロフ自身の語りが入っていた。静かな戦争

＊デレク・ジャーマン(Derek Jarman)
イギリスの映画監督(一九四二年―九四年)。主な作品に、『テンペスト』(七九年)、『ラスト・オブ・イングランド』(八七年)、『ザ・ガーデン』(九〇年)など。『BLUE ブルー』は自らを蝕んだ病エイズをテーマに、死の前年に制作した作品。

＊ロカルノ国際映画祭
スイス南部、イタリア語圏のティチーノ州ロカルノで、一九四六年から毎年八月に開催されている国際映画祭。広場ピアッツァ・グランデに設置される野外の大スクリーン(会場の収容は七五〇〇人)での夜の上映の際には、周辺の家々が全て灯りを落とし、圧巻である。

映画であった。惹きつけられて五時間を超える全編を一気に二回、続けて見た。
この映画は一九九五年八月、スイスの*ロカルノ国際映画祭でソニー賞を授与され、日本でも同年の山形国際ドキュメンタリー映画祭で特別上映の機会を与えられた。後日、この映画に出てくる兵士たちは全員、戦闘で亡くなったと知り、ようやく動かない四〇分間とソクーロフの発言の真意を理解した。

*『精神(こころ)の声』と邦題をつけたこの映画は、ユーロスペースが劇場公開を快く引き受けてくれた。公開前、ソニーPCL試写室で公開に向けて最初のマスコミ試写をしたのは、翌一九九六年五月二二日だった。この時のことは忘れない。マスコミ対象とは言え、ソクーロフ監督作を見てくれそうな人たちに予め上映時間を知らせ、休憩時間も設定して全編を上映したのである。五時間を超える長さにもかかわらず、試写室は満席になり、途中、帰った人もいなかったのだが、終了後、その試写を見た一人の方から、お叱りの手紙をいただいた。「あんな長時間を一度に上映するのは非常識だ」と。だが、懲りることなく、劇場公開したのである。

アレクセイ・ゲルマン

レンフィルム祭でソクーロフと並んでもう一人衝撃を

*『精神(こころ)の声』（英題：Spiritual Voices）
ロシア映画・一九九五年製作＝九六年八月一〇日日本公開。監督：アレクサンドル・ソクーロフ（ドキュメンタリー）。

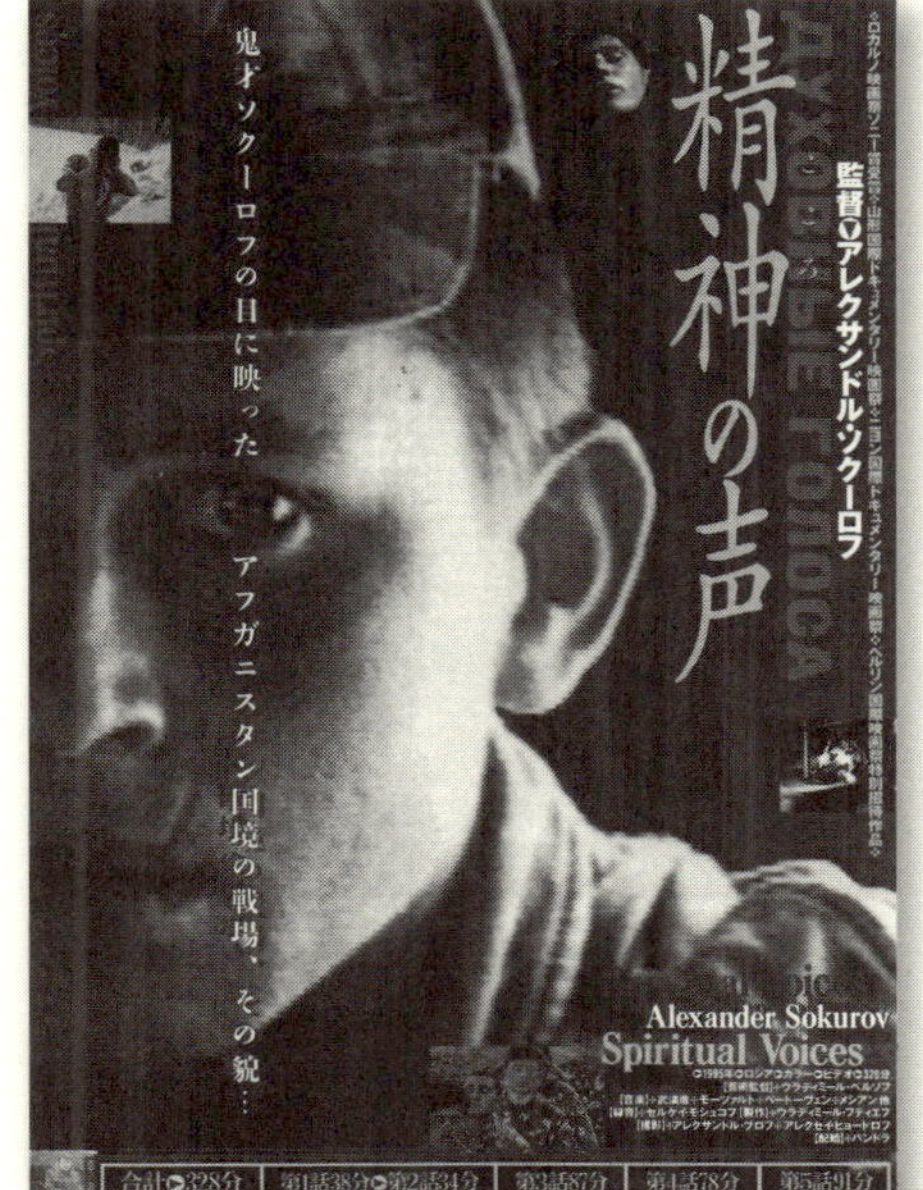

『精神の声』チラシ

受けた監督がアレクセイ・ゲルマンで、後の二〇〇〇年に配給することになったのが、彼の『フルスタリョフ、車を！』*である。

他に類を見ないほどの勢いの強烈さと、主人公の将軍を演じた坊主頭の役者が強い印象を残すのだが、何が何だかわけの分からなさにおいては、ソクーロフに引けを取らない。

時は一九五三年、反ユダヤ主義が深まりつつある時期。モスクワの脳外科医にして赤軍の将軍であるユーリー・クレンスキーは、KGBの企てたユダヤ人医師迫害の陰謀に巻き込まれそうになり、逃げようとするが捕らわれて拷問を受ける。背後にはスターリン*の影があった。ところが突然、釈放され、スターリンの側近ベリヤ*に、ある要人の診察を命令されるのだが、それから一〇年余り後、クレンスキーはなぜかマフィアの親分になっているのだった。

スターリンはもちろんのこと、ベリヤもスターリンの側近として広く知られている実在の人物である。映画のベースはロシアではよく知られているスターリン時代に起きた〈ユダヤ人医師団陰謀事件〉*であった。ロシア現代史を背景にした壮大なドラマなのだが、ロシア史に暗いので理解不能な部分も多く、すさまじい勢いにひたすら圧倒されているうちに一四二分が終ってしまうのだが、いつまでも記憶に残る映画であった。この題名は原題の直訳で、スターリンがお抱え運転手に向かって、いまわの際に発した言葉なのだそうだ。それならば、と、公開時の邦題は直訳を活かそうと決

＊『フルスタリョフ、車を！』(英題：Khrustalyov, mashinu !)
アレクセイ・ゲルマン監督の長編4作目となる、ロシア・フランス合作映画。一九九八年製作＝二〇〇〇年六月一七日日本公開。出演：ユーリー・アレクセーヴィチ・ツリロ、ニーナ・ルスラーノワ。

＊スターリン(Joseph Vissa,rionovich Stalin)
ヨシフ・ヴィッサリオノヴィッチ・スターリン（一八七八年―一九五三）。ジョージア生まれの軍人であり一九二二年にソ連共産党書記長となる。一九三七年、大量粛清をし、独裁体制を敷き、強制移住など強権的政治を行った。

＊ベリヤ(Lavrentij Pavlovich Berija)
ラヴレンチー・パーヴロヴィッチ・ベリヤ(一八九九年―一九五三年)。ジョージア生まれのソ連の政治家。スターリンの政権下で内相・副首相・共産党政治局員。スターリンの死後、失脚し銃殺された。

めた。だが、何が何だか分からないのでは宣伝できないので、高橋一修先生に、ソ連・ロシア政治史が専門の、やはり法政大学の下斗米伸夫先生をご紹介いただき作品を見ていただいたところ、絶賛だった。すでにマスコミ用プレスの印刷を済ませた後だったのだが、お願いしたところ、当時の政治状況も含めて書いていただいた一文は、映画の背景理解に大いに役立つ内容だった。

アレクセイ・ゲルマンは、生涯に長編六本しか残さなかった寡作の監督であるが、偶然、『道中の点検』（一九七一年）、『戦争のない20日間』（七六年）、『わが友イワン・ラプシン』（八四年）の三本をそれ以前に見ていた。『道中の点検』と『わが友イワン・ラプシン』は、いつどこで見たのかを覚えていないのだが、いずれも傑作である。なかでも『わが友イワン・ラプシン』は、ロシアにもハードボイルドがあるのだ、と驚いた。見終わった後、新聞記者と話した記憶が残っているから試写室で見たのだろうが、誰が何のためにその機会を設けた試写だったのだろうか。

『戦争のない20日間』を見たのはレンフィルム祭であった。記憶にあるゲルマン監督に間違いがないのなら、レンフィルム祭の際に来日し、上映時に登壇した男性で、ずんぐりむっくりしていて、酔っているのか、体調不良なのか分からないのだが、モソモソっと登壇し、話す言葉も不明瞭だった。

契約の際、パリにあるプロデューサー、ギー・セリグマンさんの事務所を訪ねている。わざわざこのためだけでフランスに行くはずはないので、一月開催のロッテルダ＊

＊ユダヤ人医師団陰謀事件
一九五三年、アメリカ政府の手先となりソ連政府要人暗殺を企てたとして、九名のユダヤ人医師が逮捕されたが、スターリンの死とベリヤの失脚により釈放された。

＊ロッテルダム国際映画祭
オランダのロッテルダムで、一九七二年から毎年一月に開催されている国際映画祭。

ム国際映画祭か、二月開催のベルリン国際映画祭*、もしくは、八月のロカルノ国際映画祭に行く前後に立ち寄ったのではないか、と思う。資料掲載用のインタビューも兼ねてギーさんと話をした際、この映画の製作費を尋ねたところ、返ってきた答えは「ロシア側の製作費は不明だ。あの国はそういうものらしい」。このセリフは今でも表情と共によく覚えている。それから一五年後の二〇一四年、必要があり、セリグマンさんにメールを送ったところ、きちんと返事を送って寄越した。フランス人もなかなかつき合えるものだ。

『フルスタリョフ、車を！』の勢いはどこから出てきたのだろうか。遺作というか、ゲルマン監督が二〇一三年二月に亡くなった後、彼の妻と息子*が完成させた『神々のたそがれ』（二〇一三年）も一七七分と長尺であり、相変わらずわけの分からない部分が多いのだが、『フルスタリョフ、車を！』の勢いにはかなわない。当時は思いが至らなかったのだが、あの勢いの根底には、もしかするとソ連の政治体制へ怒りがあったのかもしれない。完成年の一九九八年は、ソ連解体後十年は経っていない。それに企画はもっと以前から考えていたのだろうことを考えると、共産党政権下を経験していた彼は、怒りや矛盾を感じていたのではないだろうか。

それにしても、タルコフスキー、ソクーロフ、ゲルマンと、ロシアはとんでもない

『フルスタリョフ、車を！』

＊ベルリン国際映画祭
ドイツのベルリンで一九五一年から毎年二月に開催されている国際映画祭。カンヌ、ベネツィアと並ぶ世界三大映画祭の一つ。

才能を開花させる国だと思う。

二　『ナヌムの家』をめぐる騒動

『ナヌムの家』

一九九六年四月に『ナヌムの家』*をBOX東中野で公開している。

本作は、第二次世界大戦中、日本軍により性奴隷にさせられた韓国人女性たちの現在の日々を、二〇代の若い韓国人女性ビョン・ヨンジュ*が撮ったドキュメンタリーである。

一九九二年だったのではないかと思うのだが、新富町の傾いたオフィスに、身長一八〇センチ近い大柄な若い韓国人女性が、「日本にはフェミニズムの映画を配給している会社がある」と、大学の先輩からの情報を頼りに、自作の一六ミリの短編映画数本を持参して訪ねてきた。ビョン・ヨンジュさんとの出会いである。女性だけの映画製作グループ〈バリト〉で作った作品とのことだった。いずれも短編であったため、私が個人で主宰していた〈女性映像制作者を支える会〉の主催により、池袋にある豊島区女性センター〈エポック10〉で上映会とトークショーを開催した。彼女の誠実で率直な人柄が気に入り、その後も交流が続いていた。

そんなある日、「従軍慰安婦のドキュメンタリーをつくりたい」と言ってきた。「心を開いてくれるだろうか、難しいと思うよ」と答えたのだが、それから二年後の

＊息子
アレクセイ・ゲルマンの息子、アレクセイ・ゲルマン・ジュニア（一九七六年―）も映画監督として活躍。仕上げの直前に急逝した父の遺志を継ぎ、脚本家でゲルマンの妻のスベトラーナ・カルマリータとともに『神々のたそがれ』を完成させた。

＊『ナヌムの家』（英題 "The Murmuring"）
ビョン・ヨンジュ監督による韓国映画（ドキュメンタリー）。一九九五年製作＝九六年四月二七日日本公開。

＊ビョン・ヨンジュ（Byunn Young joo）
韓国の映画監督・プロデューサー（一九六六年―）。韓国初の女性だけの映画製作グループ〈バリト〉、映像製作プロダクション〈プルーン〉などに所属し、自立に目覚める女性たちの熱意や苦悩をテーマに映画やビデオを作り続ける。『ナヌムの家』のほか、『ナヌムの家Ⅱ』（九七年）、『息づかい』（九九年）、『火車 HELPLESS』（二〇一二年）など。

一九九四年、"The Murmuring"と題された一六ミリのドキュメンタリーフィルムを持って、ビョンちゃん（ビョン・ヨンジュのことを、パンドラを紹介した彼女の大学の先輩がそう呼んでいたので、私もそう呼ぶようになった）が再び来日した。季節は夏の始めだった。映画を見て驚いた。ハルモニ*たちがカメラを気にせず、家事をし、お喋りをしている。撮影クルーへの警戒心を解かなければ撮れない表情であった。実は、〈バリト〉製作の短編からは、ここまでの出来は予想していなかったから驚いたのだが、同時に感心した。聞くと、まずは、ハルモニたちと親しくなろうと考えて、カメラを持たずに通ったのだそうだ。ぜひ日本で上映したいと思った。

"The Murmuring"とは、ぶつぶつと籠もるように低く呟く、というような意味で、声をあげ始めたハルモニたちを的確に表現している。センスがいい。邦題をパンドラのスタッフ全員とビョンちゃんも交えて話し合う。『低い声』でもないし、ああでもない、こうでもない、と考えあぐねて、ハルモニたちの暮らす家の名称＝『ナヌムの家』（「ナヌム」とは朝鮮語で「分かち合い」の意）をそのまま邦題にしよう、となった。ナムルの家、と間違えられることも多かったが、印象深い言葉で徐々に知れわたっていったのだが、まさか〈ナヌムの家〉が『広辞苑』に掲載される日が来るなどとは、この時点では想像もしていなかった。

『ナヌムの家』もＢＯＸ東中野の山崎陽一支配人が快く受け入れてくれて、翌年のゴールデン・ウィークでの劇場公開が決まり、公開準備に取り掛かった。まず、全国の女

＊ハルモニ
韓国語で〈おばあさん〉の意味。戦時性暴力被害にあった女性たちを呼称している。

＊村山談話（むらやまだんわ）
一九九五年、当時の村山富市首相が、第二次世界大戦中、日本がアジア諸国を植民地化したのは、侵略行為だったと認め公式に謝罪したのを指す。

＊カネボウ国際女性映画週間
東京国際映画祭の協賛企画として一九八六年から二〇一二年まで開催され、数多くの世界の女性監督作品を紹介した。

＊高野悦子（たかの・えつこ）
前岩波ホール総支配人、映画作家、映画プロデューサー（一九二九年―二〇〇三年）。著書に『シネマ人間紀行』（八二年／毎日新聞社）、『心にひびく映画　興行の世界に創造を』（八九年／岩波書店）他多数。

性運動関係の人たちに上映協力のお願いを兼ねた試写案内をハガキで数百通、発送した。事務所でも試写をしたのだが、回数は覚えていない。当時は政治的にも*村山談話があり、現在と状況はかなり異なっていた。一九九五年一〇月の山形国際ドキュメンタリー映画祭に出品し、新人監督賞に相当する小川紳介賞をビョンちゃんは受賞した。その後、*カネボウ国際女性映画週間でも上映し、両映画祭のために来日した彼女の知的でおおらかな人柄は、多くの人々を魅了したものである。岩波ホールの*高野悦子さんは、ビョンちゃんのことをすっかり気に入ってしまい、来日中、しょっちゅう「ビョンちゃん」「ビョンちゃん」と声を掛けていた。

爆破予告と嫌がらせの電話

だが、宣材がほぼ完成し、一般公開に向けてのパブリシティ活動を開始したことにより、マスコミで紹介され始めた途端、予想もしない出来事に見舞われることになった。抗議や嫌がらせの電話が次々とかかってきたのである。「従軍慰安婦はいなかった」「こんな映画を上映するとは何事だ」などなどである。ビョンちゃんが来日しての一般試写会の折には爆破予告の電話まで受け取っていたので、多くの私服刑事が警備するなか、厳戒態勢で臨んだのであった。

この時のさまざまを思い出すたび、今でも、当時のスタッフには頭が下

『ナヌムの家』

がる。誰一人として、泣くわけでも、会社を辞めたいとも、私に電話を代わってほしいとも言わず、じっくり相手の話を聞き、音をあげなかったのである。なかでも忘れられないのは、児島さんという二〇歳代後半のアルバイトスタッフが相手をしていた電話の件である。電話の主は、別に映画のテーマに関心があるわけではなく、敗戦前、朝鮮半島に土地を持っていたことなどを話し、ちょうど当時、問題になっていた竹島を例に出して、自分に竹島をくれないか、と言って切ったのだと言う。聞くと吹き出しそうな内容だが、脅しに近いような電話ばかり続いていたので、そう言ってもいられない。児島さんは、四〇分間近くじっくりと真剣に相手の話を聞いていたのである。なかなかできないことだ。

『ナヌムの家』に続き、ハルモニたちを撮ったビョンちゃんの作品は『ナヌムの家Ⅱ』*（一九九七年）、『息づかい』*（二〇〇〇年）と合計で三作品つくられ、すべての日本配給をパンドラで手掛けたので、嫌がらせの電話は五年間続いた。その多くは氏名を名のらないものだった。名のったのは〈サクマさん〉という男性だけだったが、それは忘れることのできない事件の発端でもあった。この人だけは偶然だが、当初から電話に対応していたのは私である。サクマさんは、礼儀正しくて丁寧な語り口で、民族系の団体に属していると言う。数回の電話で話した内容は正確には覚えてないが、彼が戦時中の日本軍の慰安婦制度の存在に対して疑問を語っていたことは間違いない。ある日、同じ団体に所属するというサクマさん以外の男性と話す機会があり、「あんたたちも靖

＊『ナヌムの家Ⅱ』（英題：Habitual Sadness）
韓国映画・一九九七年製作＝九八年二月一四日日本公開。監督：ビョン・ヨンジュ。『ナヌムの家』の続編。その後のハルモニたちを映し出すドキュメンタリー。

＊『息づかい』（英題：My Own Breathing）
韓国映画・一九九九年製作＝二〇〇〇年四月一日日本公開。監督：ビョン・ヨンジュ。『ナヌムの家』『ナヌムの家Ⅱ』に続くシリーズ第三作。

国神社で勉強してきなさい」と言われたので、宮重と真剣に協議した結果、二人で靖国神社に行き、それを報告した。だが、それ以後も、電話が続くので、「マスコミ向けの試写会がありますから、ぜひ、見ていただけませんか」と伝えると、快く同意してきた。

「なんだ、女か」

彼らが試写に来ると言っていた当日、試写室のある半蔵門の川喜多記念映画文化財団*に近づくと、大きな声が道路に響き渡っている。ビルの前に街宣車が停車し、スピーカーが大音量でがなりたてていたのだ。大きすぎて何を言っているのか聞き取れない。財団の人たちが、私の姿を見るや、駆け寄ってきて、「何とかしてください」と言う。騒ぎをよそに、マスコミの人たちは冷静に受付を済ませると試写室の座席で大音量を聞きながら、始まるのをじっと待っている。受付に立つパンドラの若い宣伝スタッフも冷静に対応していた。すると、開始直前に、五、六人の男性がドヤドヤと入ってきた。その中にサクマさんもいた。サクマさんは太っても痩せてもいない均整の取れた体格で、威圧的ではなく、好印象を与えるような三〇代くらいの男性だった。

サクマさんと並んで試写室の入り口に向かいながら、私が、自分の名前を名のると、「ナカノさん、ぜひ、社長さんにお会いしたいですね」と言うではないか。それまで何度も電話で話していた時から、「自分がこの会社の代表だ」と伝えていたつもりだったので、「ワタシ、私ですよ」と右手の人差し指で、自分の鼻を指さして答えた。

＊川喜多記念映画文化財団
日本における外国映画配給会社の先駆けとなった東和映画（後の東宝東和）の創業者川喜多長政・かしこ夫妻の死後、その映画的遺産の保管と映画文化振興のためにできた財団。また、邸宅は、寄贈された鎌倉市により改修され、様々な映画に関する写真や文献などを保存・展示し、定期上映会なども行っている。

その時の彼の反応はつい今朝の出来事のように覚えている。「なんだ、女か」とでも言いたげに、落胆するように肩を落としたのである。周囲で見ていた人たちも、後に、「そばで見ていても全身から、がっかりした感じが伝わってきた」と、言っていた。

皆、緊張していたと思うが、通常の試写開始と同様、冒頭に挨拶をして何事もなく試写を始めることができた。ところが、試写開始から五分も経たなかったと思うのだが、ドヤドヤと、彼らが試写室から出てくるではないか。口々に何か言っていたが、正確に聞き取れない。サクマさんも出てきた。近寄って話しかけた記憶はあるが、正確な内容を覚えていない。おそらく「最後まで見なくてもいいのですか」だったと思う。後に知ったのだが、映画が始まると、前列に陣取っていた彼らが口々に、画面に向かって何か喋ったのか叫んだのかしたらしい。それを一人の新聞記者が「うるさい、黙れ!」と一喝したために、その一言で、試写室を出ることになったようだ。

この一件以後、サクマさんから電話はかかってこなくなったのだが、名前を告げない人々からの電話は続いた。それ以前同様、当時のスタッフの誰一人として泣くわけでもなく、文句も言わず、会社を休むこともなく、真面目にじっくりと、そのような電話に対応していた。彼女たちの支えがあったからこそ、この難事を乗り越えることができたのである。そして、「なんだ、女か」以後、サクマさんからの電話はなかったのだが、それは油断してはならない静けさであった、と後に知ることになる。

公開初日　右翼に襲われる

宣伝キャンペーンの一環としてハルモニたちが来日した。貴重で楽しい出会いだった。来日したのは四名だったと思う。記者会見では、誰もが「我こそは」と、前に出て話す。決して遠慮などしない。どの人も、突き抜けている、との印象を抱いた。筆舌に尽くしがたい体験を、自分たちの努力で〈言語化した〉という表現がふさわしい、と思った。時計を逆に回すことはできない。公の場に出て語れるようになるまでのハルモニたちの葛藤は、想像できないほど辛いものだったと思う。

大学卒業時、男性とは異なり就職試験すら受けることのできない実態、そしてやっと得た職場での信じられないほどの性差別。そのような性差別がまかりとおっていることへの理不尽さからリブの運動に関わった。性差別の最も酷い形が性暴力である。リブ運動の中で戦時性暴力の実態を知った。それが原動力となり、『声なき叫び』の上映活動に参加し、それらの経験が『ナヌムの家』を日本で上映しようと決めたことにつながっている。

公開初日、一回目の上映が始まった直後、ＢＯＸ東中野で立ち合っていた私たちの前を、サクマさんの所属する民族団体の構成員である一人の若者が通り過ぎ、映画館に入るのを見かけた。ところが、彼はほどなくして出てくると、トイレに入って行く。

山崎陽一支配人が、「きっと、映画の内容を電話で知らせているんだ」と言う。私たちも、そうだろう、と納得したが、実はそのようなおめでたいことではなかった。トイレで、その青年はとんでもないことをしていたのだった。気がかりだったので、劇場のある地下に一人で降りて行くと、一人の男性が猛烈な勢いで、階段を駆け上がってくる。思わずよけた。それが当の青年だった。なんと、彼はスクリーンに向けて消火器をまくや、すぐに場内を飛び出してきたのである。トイレに入ったのはその準備のためだったのだ。映写を中断し、映画館のスタッフが観客を避難させ、すぐに警察に連絡を取ったのだが、警視庁中野警察署の警察官が数人でやってきたのは、記憶では三時間以上後だったのではないかと思う。待てど暮らせど、来なかったことは忘れられない。

ＢＯＸ東中野のスタッフと共にパンドラのスタッフも、警察で事情聴取を受けた。すると、隣の部屋で別の人物の事情聴取をしている警察官が、私の事情聴取をしている警察官のところに来て、何かの受け渡しをしているようで、出たり入ったりしている。覗くと、どうやら辞書をやり取りしているようだ。そういえば、担当警察官は、私の話を聞いて、事情聴取書に書くのだが、「ええーと、ええと」と上を見ながら、手の止まることが多い。「書こうか?」と言うと、「いや、ダメです。これは自分が書かなければならないのです」「じゃあ、話したことを私が書くから、メモ用紙、ちょうだい」警察官は椅子から立ち上がると部屋を出て、メモ用紙を持ち帰ると、鉛筆と共に私に数枚、差し出して寄越す。それからは、いったん話した後、メモ用紙に漢字を交えて書き、彼に渡す。それを繰り返した。だが、他の人たちとは異なり、私だけはなかなか解放されず、記憶では当日の事情聴取は深夜まで、八時間近くに及んだのである。もちろん、電車はない。「こんなに遅くになって、だいたいこっちは被害者なのに！」警察官に文句を言い、自宅まで車で送ってもらった。

これで終わりではなく、翌日も事情聴取は続いたのである。宮重と若いスタッフ、天沼佐智恵さんへの聴取も同じく二日間にわたっていた。だが、事件当日の事情聴取の際、天沼さんとＢＯＸのスタッフには食事が出た、と言うではないか。宮重の聴取時間は、食事時間にまでは及んでいなかった。翌日、再び呼び出しを受けて赴いた中野警察署で「ねえ、他の人にはごはんが出たんだって？」と、すぐさま聞いた。残念ながら、返事とその後の待遇は覚えていない。

多くの支援と協力

事件を聞きつけて、田中美津さんと現代書館の菊地社長が、別々に電話を寄越してきた。二人とも、記者会見をしろ、と言う。「疲れているから、いやだ」と答えると、「ここで踏ん張らなきゃダメ」。二人はお互いに知り合いではなく示し合わせたわけでもないのに、偶然、別々に何度も何度も電話で私を説得する。上映続行のためには必要な行動である、と承知はしていたが、とにかく疲れていた。でも、確かにここで何も行動を起こさないと屈したことになる。結局、記者会見を開催することにした。

そのためにも、まず『ナヌムの家』上映続行を支援する人たちの署名を集めなければならない。声明文のたたき台の文章を私が書き、美津さんと菊地さんが、その文書を校正してくれた。二人ともほんとうに親身になってくれた。ゴールデン・ウィークに入っていたというのに、東京にいたスタッフも出社し、支援を依頼したい人々に手分けして電話で説明し、文書をＦＡＸで送る。未知の人の方が遥かに多かった。美津さんや菊地さんの協力もあり、正確な人数は覚えていないが、五百人近い署名を僅かな日数で集めることができた。署名者の中に、右翼団体として知られていた一水会の鈴木邦男さんの名前もあった。鈴木さんは記者会見にも出席し、「応援しますよ」と励ましてもくれたのである。

韓国から監督のビョンちゃんや、当時、韓国留学中の崔洋一*監督が心配し、国際電話を寄越してくれた。崔監督とはお互いが二〇歳代の頃、彼が大島渚監督の助監督時代に知り合っていた。また、姉がこっそり上京し、一万円札を出して「会社の人たちに何か美味しいものを食べてもらいなさい」とだけ言って帰って行った時には、涙が出るほど嬉しかった。メキシコに移住していたハマダも心配して連絡を寄越し、フランス映画社時代の同僚で字幕翻訳者の松岡葉子さんは、「一番の支援は映画を見に行くことだから、すぐに行ってきた」と電話で伝えてきた。

ＢＯＸ東中野での記者会見当日は、土本典昭*監督、詩人の白石かずこ*さんたちが壇

＊崔洋一（さい・よういち）
映画監督・脚本家（一九四九年—）。日本映画監督協会理事長。八三年、『十階のモスキート』で映画監督デビュー。主な作品に『月はどっちに出ている』（九三年）、『犬、走る　DOG RACE』（九八年）、『血と骨』（二〇〇四年）、『カムイ外伝』（〇九年）など。

＊土本典昭（つちもと・のりあき）
ドキュメンタリー映画監督（一九二八年—二〇〇八年）。主な監督作に『ある機関助士』（六三年／キネマ旬報ベスト・テン文化映画部門第一位／文部省芸術祭文部大臣賞他多数受賞）、『ドキュメント 路上』（六四年／ヴェネツィア国際映画祭審査員特別賞）、『水俣—患者さんとその世界』（七一年／第一回世界環境映画祭グランプリ）他多数。著書に『映画は生きものの仕事である　私論・ドキュメンタリー映画』（七四年／未来社）、『ドキュメンタリーの海へ　記録映画作家・土本典昭との対話』（石坂健治との共著／二〇〇八年／現代書館）など。

上の席に座り、応援の発言をしてくださった。事件にひるむことなく続行を決めてくれた山崎支配人を始め、代島さん、原田さん、大矢さん、秦さん（このメンバーだったと思うのだが）たちBOX東中野とパンドラのスタッフ。『ナヌムの家』の上映活動の継続には、関係者が一丸となったことと、多くの人々による協力や支援があったことを挙げなければならない。そして同時に責任者として自分なりに覚悟しなければならない事態に直面していたのも事実であった。もちろん、上映続行の決断である。

　その年のゴールデン・ウィークは、こうして過ぎて行った。私たちは対応に追われていて知らなかったのだが、事件そのものが、NHKの全国ニュースで報道されたのだそうだ。皮肉なことに、それにより、『ナヌムの家』は全国に知られることになり、多くの上映希望が寄せられることとなった。そして、二〇年以上経つ現在でも見られ続けている。ちなみに事件を起こした青年には、八か月の実刑判決がでたと聞いている。

三　世界各国・各地の映画を配給する

『ビヨンド・サイレンス』

　ベルリン国際映画祭に初めて参加したのは、一九八九年ではなかったかと思う。東西ドイツ統一前で、マーケット部門の会場は、西ベルリン市街の中心、ZOO駅に近い繁華街クーダムの細長い商業ビルの一角だった。驚いたことが三つある。まず、べ

＊白石かずこ（しらいし・かずこ）　詩人（一九三一年―）。一九七〇年『聖なる淫者の季節』でH氏賞、七八年『一艘のカヌー、未来へ戻る』で無限賞、八二年『砂族』で藤村記念歴程賞、九七年『現れるものたちをして』で高見順賞、読売文学賞（詩歌部門）、二〇〇三年『浮遊する母、都市』で晩翠賞、〇九年『詩の風景・詩人の肖像』で二度目の読売文学賞（随筆・紀行部門）受賞、一〇年セルビアのスメデレボの金の鍵賞受賞。一九九八年紫綬褒章。

ルリンではマスクを売っている店がなかったことだ。気付くとマスクをして歩く人を見かけることがない。次は、マーケット部門で供される昼食がお寿司の巻物だったことであり、最後は欧米の業者の割り切りの速さである。マーケット試写で、業者はビジネスにならないと判断するや、スタートして一分もしないうちに、音を立てて席を立ち、スクリーンの前を堂々と横切って出て行くのだ。背をかがめたりしないため、遮られるスクリーンにはそのたびに影が映る。ひどい時にはぞろぞろと列をなして出て行く。その思い切りの良さには逆に感心したが、短期間で数十本の作品を検討しなければならないのだから、当然と言えば当然の姿勢でもある。

マーケット以外の部門にもせっせと通った。中心地から外れた地味な市民会館のような会場では、新作のドイツ映画だけを特集上映していたので、そこにも通っていたところ、一九九六年、その会場で一本の新作ドイツ映画〝Jenseits der Stille〟を見た。聴覚障がいのある両親の許に生まれた少女が音楽家を目指す、というストーリーである。ハリウッド映画のような分かりやすいつくりで、感動させられる。それなのに、プロデューサーが日本配給権は残っている、と言う。驚いた。そんなはずがない、と自分の判断に自信が持てなかったので、映画祭に出席していた名古屋シネマスコーレの木全純治支配人に連絡を取り、「ぜひ感想を聞きたい映画がある」と頼んでみた。「素晴らしい映画だね」と、木全さんは劇場を出るなり言う。映画は『ビヨンド・サイレンス』[*]である。権利取得交渉もスムースに進み、帰国してすぐに、今はもう

＊**『ビヨンド・サイレンス』**
ドイツ映画・一九九六年製作＝九八年五月二日日本公開。監督：カロリーヌ・リンク、出演：シルヴィー・テステュー。

『ビヨンド・サイレンス』

閉館している銀座テアトル西友の当時の編成担当であった有吉さんにサンプルビデオを渡し、ロードショー公開劇場として引き受けていただくようお願いした。しばらく後、テアトルのエレベーターで有吉さんにばったり会うと、「中野さん、意外とまともじゃないの」。知らない人たちも大勢乗っているというのに、エレベーターを降り際に、有吉さんが大きな声で言う。有吉さんが銀座テアトル西友での、『ビヨンド・サイレンス』のロードショー公開を受け入れてくれたのは、言うまでもない。

すると、東京国際映画祭*から、コンペティション部門に出品してほしい、との連絡を受け取った。そ

＊東京国際映画祭
一九八五年より毎年一〇月に東京で開催されている国際映画祭（当初は隔年開催）。二〇一七年で三〇回を数えた。

れを二人のドイツ人プロデューサーに知らせると、監督のカロリーヌ・リンク*と一緒に来日する、と大喜びだ。『ビヨンド・サイレンス』は彼女のデビュー作だったのである。結果として、一九九七年の第一〇回東京国際映画祭のコンペ部門でグランプリを授与され、その後、受賞こそ逸したが、翌年の米国アカデミー賞外国語映画賞部門で最終選考の五本に残り、国際的にも高く評価された。

興行会社と大ゲンカ

この映画についても、邦題決定から公開まで、さまざまな出来事が起こったが、その中でも、公開日が当初より大幅にずれ込んだことは忘れられない。

一九九七年の秋だったと思うのだが、初日は翌九八年三月初旬でどうか、と東京テアトルから告げられたので、了解した。宣材作成はプランニングOMの村山さんと彼のスタッフが、全面的に取り組んでくれたため順調に進む。さらに、一月だったと思うのだが、アカデミー賞外国語映画賞候補になったことで、関係者の気持ちも高揚し、公開に向けてのマスコミ試写は、予定通りに開始することができた。その頃、銀座テアトル西友で上映していたのは、北野武*監督による話題の邦画『HANA-BI』*である。大ヒットしていたのだ。その動員が落ちないために、『ビヨンド・サイレンス』の初日*が遅れ始めた。一方、マスコミ試写は好評で、雑誌などの紹介記事の掲載日が次々と決まっていく。記事は、初日にちょうど間に合うように掲載される。当初は、

＊カロリーヌ・リンク（Caroline Link）
ドイツ出身の映画監督・脚本家（一九六四年―）。脚本家、助監督として多くのテレビ番組や映画を手がけた後、九六年に『ビヨンド・サイレンス』で監督としてデビュー。『名もなきアフリカの地で』（二〇〇一年）でアカデミー外国語映画賞を受賞した。

＊北野武（きたの・たけし）
コメディアンのビートたけし（一九四七年―）は本名の北野武名義で映画監督として活躍。国際的にも、特にヨーロッパで高い評価を得ている。主な作品に『あの夏、いちばん静かな海。』（九一年）、『ソナチネ』（九三年）、『BROTHER』（二〇〇一年）、『座頭市』（〇三年）、『アウトレイジ』（一〇年）など。

初日が多少ずれ込むのは常にあることなので仕方がないと思っていた。だが、三月末を越えた。大幅にずれ込むと記事との連動もずれてしまい、いざ、公開となった時には、〈終わった映画〉になりかねない。つまり、いったん公表した初日の日延べが重なるとコケてしまうのだ。

公開日変更の連絡を受け取るたびに当初は「いいよ」と軽く了解していた。だが、延期が度重なるに従い、気がかりになり始めたのである。銀座テアトル西友まで様子を見に行くスタッフもいた。「あんまり映画館に来ないような感じの人も多いみたいです」「すごい行列でした」。雲行きが怪しくなってきたので、当時のヘラルド映画の大西営業部長に相談したところ、「ゴールデン・ウィークの後半だけでも取りなさい。ゴールデン・ウィークがあけると、ぐっと動員が落ちるから」との助言である。焦った。このままだと、初日がゴールデン・ウィークあけになりそうだったからだ。劇場公開を諦めて自主上映にする案を思いつき、スタッフに都心のホールの空き状況を調べるよう指示した。今考えると、とんでもないことであるが、それを東京テアトルに伝えたところ、大ゲンカになり、結果として、ゴールデン・ウィーク後半の公開に強引にこぎつけることができた。奪い取ったに等しい。だが、当初に告げられた予定より二か月遅れである。この大ゲンカについて、一昨年、東京テアトルの現在の編成責任者に会った際、彼は当時は新入社員だったそうで、「あの時はこわかった」と言われた。穴があったら入りたい。

＊『HANA-BI』
日本映画・九八年製作。監督：北野武、出演：ビートたけし、岸本加世子。第五四回ヴェネツィア国際映画祭で日本作品として四十年ぶりとなる金獅子賞を受賞した。

＊初日が遅れ始めた
映画の初日（封切り日の事）は、当該作品の劇場編成時に当初から決まっている場合もあるが、およその時期だけが決まり、当該映画の前（あるいは前々など）に上映している映画の興行結果により初日が前後に移動するケースが多い。つまり、前の作品がヒットすると、その作品の上映期間が延びるので、その後の作品の初日が遅れるのである。逆に、前(あるいは前々など)の作品がコケる（観客が全然入らない）とその後の作品の初日は前倒しになる。

さて、このような攻防戦、というか、喧嘩までして強引に手に入れたとはいえ、予定より大幅に遅れた初日の観客動員は、果たしてどうだったか。

初日の朝、事務所を出るのをもたもたしていたため、銀座テアトル西友まで自転車を猛スピードで走らせた。息せき切って駆け込んだ劇場には、既に宮重をはじめとするパンドラのスタッフ、村山さんとプランニングOMのスタッフなど何人もの関係者の姿が、入り口周辺に見えた。エレベーターが着くたびに降りてくる観客で、エレベーターホールに人が溢れる。銀座テアトル西友のエレベーターホールには劇場のチケット売り場の窓口もあり、割と狭かったので、エレベーターを降りる観客の人たちが、ドアが開き、ロビーに溢れそうな人々を見ると、一瞬「えっ」とたじろぐ表情をする。『ビヨンド・サイレンス』はヒットしたのである。二か月も遅れたのにこんなに大勢の人が忘れずに待っていてくれた、と嬉しかった。チケットを買ってくれた高校の同級生のうち、森野クン夫妻が初日に来てくれていたそうで、後に、「行列ができていて驚いた」と便りを受け取った。それも嬉しい記憶として残っている。そして『ビヨンド・サイレンス』公開日の出来事を思い出すと、セットのように、高校の同級生の集まりで「おお、みんなチケット買えよ」と声をかけてくれた、今はもう故人となっている山内クンの声と表情が甦る。

映画は、確か一二週間くらい上映したのではないかと思う。全国の映画館での上映後、ビデオ発売と、NHKで放映も実現できた。契約までNHKに何度も何度も通った。

『ビヨンド・サイレンス』が公開される前も、ヘルツォーク、ヴェンダース、ファスビンダー、フォン・トロッタ、シュレンドルフなどのドイツ人監督による作品が高い評価を受け、日本でも公開されていた。なかでも『ブリキの太鼓』（七九年／フォルカー・シュレンドルフ監督）、『U・ボート』（八一年／ウォルフガング・ペーターゼン監督）、『フィツカラルド』（八二年／ヴェルナー・ヘルツォーク監督）、『パリ、テキサス』（八四年／ヴィム・ヴェンダース監督）などはヒットしていたが、ドイツのもつイメージからか、日本では〈暗い〉〈生真面目〉〈つまらない〉というのが定説だったようだ。それが『ビヨンド・サイレンス』の後、僅かかもしれないが、ドイツ映画に目を向ける配給業者が増えたのではないか、と勝手に思っている。そのためだろう、『ビヨンド・サイレンス』を公開した九八年の夏の終わりに参加したトロント国際映画祭*で、一本のドイツ映画をめぐり、深夜まで電話に悩まされることになった。

話題のドイツ映画"Lola Rennt"をめぐる攻防

一九九八年夏、『ビヨンド・サイレンス』を世界配給していたドイツの映画会社バ*バリアから、トロント国際映画祭でぜひ見てほしい映画がある、との連絡を受け取った。担当のマイケルが「現地で会おう」と言う。世界の映画祭や映画マーケットとしては、二月のベルリン、五月のカンヌ、九月のヴェネツィアが、世界三大国際映画祭と言われている。だが、業者の間では、マーケットとしては一一月のＡＦＭ*（アメリ

＊トロント国際映画祭
一九七六年以降、毎年初秋にカナダのトロントで開催される国際映画祭。ノンコンペ（賞を競わない）の映画祭だが、世界各地からの出品数も多く、マーケット部門もあり、ベルリン国際映画祭、カンヌ国際映画祭に次ぐ規模の来場数にまで成長している。

＊ババリア
ミュンヘンにあるドイツ最大の映画撮影所。創業は一九一九年。ヒッチコック、カザン、キューブリックなどの作品でも使われ、近年では『ネバーエンディング・ストーリー』（八四年／ウォルフガング・ペーターゼン監督）、『パフューム／ある人殺しの物語』（二〇〇六年／トム・ティクヴァ監督）など数多くの世界的名作や傑作が撮影されている。

＊ＡＦＭ
毎年秋にアメリカのサンタモニカで開催される映画のマーケット（見本市）。

カン・フィルム・マーケット）、映画祭としては九月のトロント国際映画祭も重要な映画ビジネスの場である。特にトロントは、多くの新作を上映するので、業者や映画記者が世界中から集まり、また、派手ではないが、カナダとはいえ、雰囲気にアメリカ的なオープンさがあり、個人的にはお気に入りの映画祭だ。

その年のトロントでは、マイケルのドイツ映画〝Lola Rennt〟*が、一番の話題作だった。会場で日活からのバイヤーと知り合うと、彼も見るという。開映四〇分ほど前に、さまざまな人種の業者や映画記者で試写室は満席になった。日本人の姿もチラホラ混じっている。恋人を救うために二〇分で大金を用意しなければならなくなったローラが、お金づくりのために赤い髪をなびかせてベルリンの街を走り回る、というストーリー。それだけなのだが、大金を用意する方法を異なる三パターンで描く手法が斬新だった。最初のパターンはお金の用意に失敗、二パターン目はあと少しのところで失敗、三パターン目は成功する。展開は単純で、しかも上映時間が八一分と短い。

試写終了後、「買い付け額が高そうだから、オファーはしない」と日活のバイヤーに漏らすと、「えっ、バカだなあ、先方から買ってくれと言われているんでしょ、ならばオファーすべきだよ。売り込まれているんだもの」と、尻込みしている私を説得する。今考えると「ぜひ、日本ではパンドラに配給してほしい」と依頼されていたことになるのだが、当時はそれを理解できなかったので、マイケルには「すごい面白かったよ」と感想を伝えただけだった。おそらく彼は、私からの具体的オファーを待って

＊〝Lola Rennt〟（英題：Run Lola Run）
邦題『ラン・ローラ・ラン』。ドイツ映画・一九九八年製作＝九九年七月一〇日日本公開。監督：トム・ティクヴァ、出演：フランカ・ポテンテ、モーリッツ・ブライブトロイ。

いたに違いない。

その後マイケルの意図を解説してもらったこともあり、パンドラで買い付けようと決め、オファーの内容を考え始めていた。すると、同業者とはいえパンドラの数十倍の規模であるコムストック*の買い付け担当の新開さんが、「コムストックとの共同配給はどうか」と持ちかけてきた。「いいですよ」。素知らぬ顔をして答えたのだが、実は飛び上がるほど嬉しかった。なぜなら、いきなりこのような〝大物〟をパンドラ単独で手掛けるのは不可能だ、と危惧していたからだ。コムストックの中川社長は、私とは逆で、卓抜したビジネスセンスの持ち主で知られた人物。水と油のような組み合わせだ。後日、実際に何人かの同業者から「どうしてこの組み合わせが成立するの？」と不思議がられた。買い付け額が大きくなると、日本での配給規模も大きくしなければならないので、たいていは出資者を募り、映画製作の場合のようにビデオ会社やテレビ局などが参加して〈委員会〉方式を組織し、日本でのビジネスを展開する。パンドラにも私にもその経験や人脈がなかったのである。新開さんは私がマイケルに提示しようとしていた条件を知るや、「え、そんな、随分低い！　それで決まればいいけど」と言う。いかに同業者の動向や買い付け競争と無縁に一〇年間近く過ごしてきたかを実感した。

新開さんの助言を受け入れてマイケルに提示する一方で、新開さんは日本にいる中川社長と何やら国際電話で話し合っていたようだ。すると、恐らくマイケルから聞い

＊コムストック
一九八六年創業の映画やテレビなどの輸入や販売、配給を業務とする会社。

たのだろう、映画祭に参加していた日本の業者から、「日本での配給事業に出資したい」との電話が、宿泊しているホテルの部屋にかかってくる。熟睡中の夜中の三時に鳴った電話には、正直なところイヤになったが、電話をしてきた相手は知り合いでもあるし、当人も業務出張である以上、手ぶらでは帰国できないだろうから、「コムストックの中川社長に日本の座組みはお任せしていますから、あちらと話してください」と答えて電話を切った。結果として、この作品の日本配給事業への出資を中川社長が数社集めてくれた。

このような方法は初めての経験だったが、こういうこと（競争）は苦手だ、と改めて思った。

そのようにごちゃごちゃしていた（といっても僅か二、三日のことであるが）トロント滞在中のある深夜、マイケルからホテルに電話があり、"We make."と英語で言ってきたが、"What?"としか反応ができなかった。なぜなら、それが契約成立を意味する表現だと知らなかったからだ。電話の向こうの声を今でも覚えているから、よほど、新鮮だったのだろう。もちろん、マイケルは丁寧に説明してくれた。

日本に戻り、スタッフに「契約当事者はパンドラだけど、パンドラは一部出資とドイツ及び日本国内のドイツ関係者との交渉やお付き合い、ドイツ企業とのタイアップ*だけを担い、宣伝も営業も全てコムストックさんにお任せして一切関わらない」と告げると、「マスコミの人たちとつながりができるから、宣伝に関わりたい」と希望す

＊タイアップ（Tie-up）
協賛のこと。公開もしくは製作する映画に当該商品や企業を登場させ、その見返りに製作費や宣伝費を負担する。

るスタッフも出てきた。その思いは理解できるし、仕事熱心な姿勢は嬉しくもあったが、中途半端な関わりは共同事業の失敗のもと。さらに、それまでの作品とは規模が異なることを説明し、希望を退けた。だが、出資各社と劇場の担当者などが集まる宣伝会議はいい経験になるだろうと思い、スタッフを連れて行くようにしたのだが、ちょうど、同じ時期に同じ渋谷の別の劇場で公開する映画も話題になっていたためか、むき出しの競争心を口にする出席者もいた。そのシビアさが故だろう、次第に同行するスタッフが減っていき、最後まで参加したのは私だけだった。だが宣伝会議は、厳しい競争と映画成功のためのさまざまな試みを知ることができ、いい経験になった。

　また、新開さんは山のような英語の間違いを始め、契約書の隅々までを数回にわたり校正してくれ、中川さんには、ビジネスを理解できない私に呆れたことだろうが、日本でのビジネスを成功に導いてもらった。この選択を宮重は評価して、「ほんのちょっとお金を出しただけで、何もしないで、お金をもらった」と今でも言う。そのように映っていたのかもしれないが、ババリアやコムストックとの契約、ドイツ大使館や東京ドイツ文化センターとのお付き合い、ルフトハンザ航空やドイツテレコムとのタイアップなどはパンドラの

『ラン・ローラ・ラン』公開当時のチラシ

分担として、任務を果たしているので、「何も」しなかったわけではない。するとある時、宮重が意外なことを思い出した。映画のヒロイン、ローラを真似て、赤い髪のかつらをかぶって、渋谷のスペイン坂にチラシをまきに回ったのだそうだ。当初、他のスタッフが尻込みをするので、パンドラからは私だけがその宣伝活動に加わっていたところ、それを知ったどなたかが「社長だけにやらせるなんてとんでもないこと！」と若いスタッフを叱ったと言う。それ以後、スタッフが率先してかつらをかぶってチラシまきに出始めたのだそうだが、全く覚えていない。

『走れ、ローラ』の邦題に、「だっせえ」

邦題はすったもんだの協議の挙句、『走れ、ローラ』と宣伝会議で決めたところ、確か翌日だったのではないかと思うのだが、『ラン・ローラ・ラン』に変更されているではないか。『走れ、ローラ』の邦題を聞いた公開劇場である〈シネマライズ〉*の社長さんご夫妻の息子さんが、「だっせえ」と言ったそうで、一夜にして『ラン・ローラ・ラン』に変更されたと伝え聞いた。映画のタイトルについての私の持論は、「カタカナ表記ではなく、漢字と平仮名の組み合わせがベスト」なので、カタカナのみの邦題に当初はかなり抵抗があった。だが、英語の〈ラン〉の意味は多くの日本人には、すぐに理解できる単語であり、舌を嚙みそうだが、何よりも宣伝と営業をお任せしたのだから、と黙っていた。それに『走れ、ローラ』については、当初から太宰治*の『走*

＊シネマライズ
渋谷区宇田川町にあった映画館。一九八六年開館。『ホテル・ニューハンプシャー』、『ポンヌフの恋人』、『トレインスポッティング』、『アメリ』などをヒットさせ、渋谷のミニシアター文化の中核を担った。二〇一六年に閉館。

＊太宰治（だざい・おさむ）
小説家（一九〇九年—四八年）。よく知られた作品に『斜陽』、『人間失格』、『津軽』、『走れメロス』など。

＊『走れメロス』
太宰治が一九四〇年に発表した短編小説。古代ギリシャの伝承とシラーの詩をもとに、処刑されるのを承知の上で友情のために王宮に向けて走るメロスを描く。

れメロス』のようだとの声もあり、走る行為に〝一所懸命〟ぶりが漂うので、チンピラのしでかしたお金の不始末が発端で始まる映画の題名としては、ふさわしくない。
邦題といえば、『ビヨンド・サイレンス』もカタカナ表記なので、ひとこと言い訳を。この作品は、ビデオ発売予定の会社の担当者から「カタカナ題名にしてくれ」との強い要望に従ったとの事情がある。個人的にはカタカナ題名は気に入らなかったのだが、ヒットさえしてしまえば、〈結果オーライ〉と、何でもいいことになってしまうものだ。
『ラン・ローラ・ラン』は一九九九年七月一〇日に封切り、多くの観客を集めることができた。真面目で謙虚だった監督のトム・ティクヴァ*は八ミリ映画少年で、本作が本格的劇場用映画のデビューであったため、滞日中に、ほんとうに真面目に日本での宣伝キャンペーンに協力してくれた。そして、その後も監督作を順調に発表し続け、今年（二〇一八年）のベルリン国際映画祭では審査委員長の大役を務め、今やドイツの看板監督にまで成長したのである。

『光と闇の伝説　コリン・マッケンジー／もうひとりのグリフィス』

一九九九年九月にBOX東中野で公開した『光と闇の伝説　コリン・マッケンジー／もうひとりのグリフィス』*は、個人的な好みでは十本の指に入るほど気に入っている作品だ。この作品を見ている人はかなり少ないと思うのだが、グリフィス*監督の『イントレランス』（一九一六年）の前に、スペクタクル映画をニュージーランドで作っ

＊トム・ティクヴァ（Tom Tykwer）
ドイツ出身の映画監督・脚本家・プロデューサー（一九六五年―）。九三年、『マリアの受難』で監督デビュー。監督三作目の『ラン・ローラ・ラン』が世界的大ヒットを果たす。他の作品に『パフューム　ある人殺しの物語』（二〇〇六年）、『王様のためのホログラム』（一六年）など。

＊『光と闇の伝説　コリン・マッケンジー／もうひとりのグリフィス』（原題：Forgotten Silver）
ニュージーランド映画・一九九六年製作＝九九年九月二五日日本公開。監督：ピーター・ジャクソン、コスタ・ボーテス（モキュメンタリー）。

＊グリフィス
David Wark Griffith（一八七五年―一九四八年）のこと。〈映画の父〉とも呼ばれている。『イントレランス』以外にも『女の叫び』（一九一一年）、『国民の創生』（一五年）など脚本家、監督として数多くの作品を残した。

た監督がいた！　という映画史を覆す衝撃的な事実を知った撮影クルーが、当時のフィルムを発見し、撮影跡を探し出していくのである——という設定で進んでいくモキュメンタリー、つまりフェイク・ドキュメンタリーである。監督は『ロード・オブ・ザ・リング』で今や世界的に知られるあのピーター・ジャクソン*とコスタ・ボーテス*。さぞや、楽しんで作ったことだろう。ナレーションは、やはり世界的俳優のサム・ニー*ル。製作は〈ニュージーランド・フィルム・コミッション〉、国の組織である。

当時、NHKなどで番組を製作していたフリーディレクターのコージさんが、試写を見て、感激して電話を寄越した。コージさんはエリート銀行員の職を投げ打って、映像の世界に飛び込んだ勇気ある、というか向こう見ずな青年であった。「ぼく、感激しました。すっごい。NHKに番組製作の企画書を出します！」と、早口で喋る。「そうでしょう！　知られてないのよ、あんなにすごい人が」と、答えたのかどうかは記憶にないが、あまりに喜んでいるので、「ねえ、コージィー、あれって、ぜぇーんぶウソなんだよ」と彼に伝えたことは覚えている。「えっ」「モキュメンタリーって書いてあったでしょっ。フェイク・ドキュメンタリーなのよ」「えっ」「だからァ、全部ウソなの。ドキュメンタリーじゃなくてモキュメンタリー」。すると今度は絶句だ。落胆の様子が伝わってきた。ちなみにコージさんは、二度目の転身で、現在は某県の地域おこし協力隊で汗を流している。

遊びの上乗りで、本作を題材に柳下毅一郎*さんに『コリン・マッケンジー物語』（デ

＊ピーター・ジャクソン（Peter Jackson）
ニュージーランド出身の映画監督（一九六一年—）。『ロード・オブ・ザ・リング』三部作（二〇〇一年—〇三年／ニュージーランド・アメリカ合作映画）の世界的大ヒットで広く知られる。

＊コスタ・ボーテス（Costa Botes）
ニュージーランドの映画&テレビ監督・プロデューサー。『ロード・オブ・ザ・リング』のメイキングを始め数多くのフィルモグラフィあり。

『光と闇の伝説　コリン・マッケンジー／もうひとりのグリフィス』

レク・A・スミシー著）の翻訳（？）をお願いした。著者の名前を見てすぐに分かるとしたら、相当な映画通である。不本意に完成させられた、などの理由で本名を出したくない監督が、自作の監督名としてアメリカで使われていた名前のアラン・A・スミシーをもじっているのだ。つまりこの本ももちろん、モキュメンタリー。偽書である。あたかも実際に存在する本を翻訳したかのように書き上げた柳下さんの力量は素晴らしい、と感服するほどの一冊が出来上がった。帯の推薦

＊サム・ニール（Sam Neill）
ニュージーランドを代表する俳優（一九四七年―）。出身はアイルランド。主な出演作に『オーメン／最後の闘争』（八一年／グラハム・ベイカー監督）、『レッド・オクトーバーを追え！』（九〇年／ジョン・マクティアナン監督）、『夢の涯てまでも』（九一年／ヴィム・ヴェンダース監督）、『ピアノ・レッスン』（九三年／ジェーン・カンピオン監督）、『ジュラシック・パーク』（九三年／スティーヴン・スティルバーグ監督）、『ピーターラビット』（二〇一八年／ウィル・グラック監督）など多岐にわたる。

＊柳下毅一郎（やなした・きいちろう）
翻訳家・映画評論家（一九六三年―）。主な著作に『興行師たちの映画史 エクスプロイテーション・フィルム全史』（二〇〇三年／青土社）、『皆殺し映画通信』（一四年／カンゼン）、翻訳に『人生の奇跡 J・G・バラード自伝』（一〇年／東京創元社）、他多数。

コメントは蓮實重彥先生。発行後ほぼ二〇年を経た今、モキュメンタリーをウィキペディアで検索すると、代表作としてこの作品も掲載されていたのに驚いた。なお、本作は後に松竹で、『光と闇の伝説　コリン・マッケンジー』と題名を変えて、ビデオ化していただき、今年（二〇一八年）になってからも、銀座の〈メゾンエルメス〉*で上映された。これも嬉しい知らせであった。

山形国際ドキュメンタリー映画祭一九九九

一九九九年一〇月は山形国際ドキュメンタリー映画祭の〈アジア千波万波〉部門で、中国の映画研究者の林旭東さんと一緒に、小川紳介賞の審査員を務めた。審査員は辛い仕事だった。映画を見ている最中、眠るわけにいかない。これが何よりも辛い。長時間の作品などは、ついウトウトしそうになるのだが、ぐっとこらえる。その日の映画が終了して、深夜近くにトボトボと灯りの落ちた山形市内のホテルに帰る途中、一人寂しく夜食を買っていると、同じく夜食を買っている林さんと遭遇し、二人でニヤっと笑いあうこともあった。審査作品では台湾の『ハイウェイで泳ぐ』*が一番、という意見は二人で一致。『あんにょんキムチ』（一九九九年）には才能を感じた。今や活躍する松江哲明*監督の第一回監督作である。他の作品についても意見が一致したので、審査会自体はもめることもなく早々に終了することができた。もう審査員は二度とゴメンだと思ったのだが、二〇一二年にイランのイスファハン国際子ども映画祭*の審査

＊メゾンエルメス
銀座にあるエルメスジャポン株式会社の本社ビル。十階にある〈Le Studio〉では定期的な映画上映を開催している。

＊『ハイウェイで泳ぐ』（英題：Swimming on the Highway）
台湾映画・一九九八年製作。監督：呉耀東（ウー・ヤオドン）。

＊松江哲明（まつえ・てつあき）
映画監督（一九七七年—）。日本映画学校の卒業制作として撮られた『あんにょんキムチ』が評価を受ける。主な作品に『童貞。をプロデュース』（二〇〇七年）、『フラッシュバックメモリーズ 3D』（一二年）、『SAWADA』（一二年）など。

＊イスファハン国際こども映画祭
正式名称はイスファハン国際児童青少年映画祭。イラン中部で毎年秋に開催。

員に、とお声がかかったときには、イランに行けるのなら、と引き受けてしまった。

四　絶賛の嵐なのに大コケした『八月のクリスマス』

『八月のクリスマス』

『ビヨンド・サイレンス』を公開した一九九八年七月、名古屋シネマスコーレの木全 支配人から一本の映画のサンプルカセットを受け取った。その翌月の八月下旬、カナダのモントリオール世界映画祭*に参加した時、ホテルのエレベーターホールでばったり会ったオランダのセールスエージェントのバウター（故人）が、「日本で配給してほしい映画がある」と言う。会う日程を調整できず、モントリオールの後ニューヨークに行くと言うと、彼が自分も行くからその時ゆっ

＊モントリオール世界映画祭
一九七七年に創設された、毎年八月末にカナダのフランス語圏であるモントリオールで開催される国際映画祭。

くり話そう、と言う。ニューヨークで会うと、その映画は、木全さんからカセットを渡されていた韓国映画と同じだった。『八月のクリスマス』*である。写真館を営む男性と交通違反取締員の女性とのほのかな恋物語であった。同行していた宣伝スタッフに感想を聞くと「あの映画はいいですねえ」とうっとりしている。

マスコミ試写が始まると、映画評論家やジャーナリストの多くが「これまでの韓国映画のイメージを覆す」と絶賛である。『ビヨンド・サイレンス』を遥かに超えるほどであった。感想を伝える電話の誰もが長く話す。掲載された記事は確か四〇〇を超えた。通常の単館系公開作品*の倍近い。狐につままれたような気分だった。もう時効だろうと思うので書くのだが、正直なところ、実は、個人的にはさほど評価していなかったからである。韓国大使館韓国文化院主催の試写を公開直前に開催することも決まり、ホ・ジノ監督も来日し、盛り上がった。

さて、一九九九年六月五日、いざ公開した結果はどうだったか。記録的な不入りだったのである。公開映画館である〈シネマスクエアとうきゅう〉の編成担当だった植木さんに「動員は増えないだろうから長期間の上映は無理だ」とすぐに伝えたのだが、「後番組*の宣伝の関係上、それはダメ。七月一杯は上映をしてくれないと困る」。押し問答の末、動員が劇場側の目標に達しなくても配給側に補塡を求めないことを条件に九週間上映したのだが、最後まで動員は伸びなかった。ロングランしたためか、今でもヒットしたと思われている。コケた原因はいまだにわからない。

＊『八月のクリスマス』（英題：Christmas In August）
韓国映画・一九九八年製作＝九九年六月五日日本公開。監督：ホ・ジノ、出演：ハン・ソッキュ、シム・ウナ。

＊単館系公開作品
大手の興行会社に属さない、独立系の映画館で上映される映画のこと。

＊後番組（あとばんぐみ）
当該映画の次に上映される映画のこと。

後日談になるが、『八月のクリスマス』を大好きなある日本人歌手が、日本版『8月のクリスマス』（二〇〇五年／長崎俊一監督）をつくりたいと希望している、と連絡を受けたことがある。映画は劇場公開までこぎつけ、パンドラでは地域営業の一部を担った。主演は山崎まさよしさん。映画を見て『八月のクリスマス』を心から敬愛しているのがよく分かった。このように大切にされる映画は幸せだ。

『21世紀をめざすコリアンフィルム』編集発行

『八月のクリスマス』を配給することになり、韓国の映画事情の資料が必要だと思い、編集発行したのが、『21世紀をめざすコリアンフィルム』である。発行は一九九九年七月。当時、韓国映画の配給を手掛けていたのは僅か数社であり、観客もさほど多くはなかったのだが、『ナヌムの家』で、韓国の映画人との付き合いが始まると、その勢いをヒシヒシと感じるようになった。

『八月のクリスマス』を契約する前年の一九九七年に〈ソウル国際女性映画祭〉がスタートし、第一回に参加した。会場ではボランティアが駆け回り、レセプションには女性も男性も性別関係なくやってきて、外国の映画関係者と話したがる。多くは二〇～三〇歳代と若い。映画大学があっという間に創設され、国の助成が日本とは比較にならないほど充実している。映画を学ぶ学生は留学先としてアメリカを選ぶケースが多い。聞くところによると、当時の金大中大統領が「車一台売るより、いい映画をつ

くれ」と号令をかけたとか。「これだっ」と目標を定めると一丸となり、わき目も振らずに集中し、凄まじい勢いで、まさに猪突猛進してコトを成し遂げてしまう。韓国人の行動様式そのものの現象が映画にもあらわれていた。九〇年代も終わりになると韓国映画界の勢いは増す一方で、さほど遠くない将来にこの勢いは大きく結実し、ハリウッドに相当する商業映画を作れるパワーがあると思った。寄稿だけではなく、自分でも取材したのだが、数年後、『冬のソナタ』*に始まる、社会現象と呼んでも相応しいほどの韓流ドラマブームにまで発展するとは、予想もしなかった。

発行から数年後、シネセゾン*系のある映画館の支配人が、この本を「バイブルのように大切にしている」と聴き、「えっ」と思ったのを記憶している。嬉しかったこともあるが、身近に読者がいたことと、「へええ、役に立っているのだ」というのが正直な感想だったからだ。発行は二千部か三千部だったと思う。すぐに売り切れ、販売を委託していた現代書館から増刷を勧められたのだが、『東京ママおたすけ本』の時と同様、情報を新しくしなければ読者に申し訳ない、との理由で、増刷はしなかった。

五　失明宣告を受ける

時は前後するが、一九九七年、『ビヨンド・サイレンス』公開準備の慌ただしい

＊『冬のソナタ』
二〇〇二年に制作された全二〇話の連続テレビドラマ。監督：ユン・ソクホ。日本でも〇四年にNHK総合テレビで放映され、主演のペ・ヨンジュンの人気と相まって、その後の全国的な〈韓流ブーム〉の火付け役となった。

＊シネセゾン
一九八四年から九八年まで活動していた、セゾングループの映画配給会社。グループ企業が運営するシネセゾン渋谷など、ミニシアターへのアート系作品を中心に配給した。

一〇月のある日、地方営業担当スタッフが「中野さん、目が赤い」と言う。特に痛くも痒くもないのだが、鏡をのぞくと確かに左目の端が赤くなっている。縦に細長い建物にある待合室と診療室が一緒になっている近所の眼科医に行くと、検査が続いた後、水木しげる*作『ゲゲゲの鬼太郎』*の〈一反木綿〉*のようなのっぺりした表情の医師が、「時間があるか?」と聞くので頷くと、別室に行け、と言う。待っていると、木綿チャンがやってきて、口から思いもかけない言葉が飛び出した。「あなたは一〇年以内に失明します」。木綿チャンは、続けて「病名は正常眼圧型緑内障です」。加えて、眼球の図を示しながらごちゃごちゃ説明し、帰り際に点眼薬を受け取るように言う。

衝撃の事実を告げられたわけであり、こういう場合、「頭が真っ白になった」と書いてあるケースが多いのだが、真っ白になどならなかった。「フウ〜〜ン」とでもいうような感想と、「失明したら映画を見られなくなる」「仕事ができなくなるからどうしよう」と考えながら、木綿チャン医院を後にしたのである。途方に暮れているヒマなどない。会社に戻るや、躊躇することなく、電話帳で中央区の眼科医を捜し、京橋交差点近くの眼科医を見つけて、すぐ、その日に行った。「目の端が赤い」とだけ告げたところ、診察後、ちょちょっと点眼薬を垂らすだけで、特に何も言わない。そのまま数日間を過ごし、その間、木綿チャンから渡された二種類の点眼薬は、定期的に目につけていたのだが、つけると痛い。半端ではない痛みなのだが、じっと堪えて、つけ続けていた。数日後、聖路加国際病院の眼科に行った。だが、ここでも〈正常眼

＊水木しげる（みずき・しげる）
漫画家（一九二二年—二〇一五年）。妖怪漫画の第一人者。『ゲゲゲの鬼太郎』は代表作。他に『墓場の鬼太郎』、『河童の三平』、『悪魔くん』など多数。

＊『ゲゲゲの鬼太郎』
墓場から生まれた鬼太郎が、妖怪たちと繰り広げる様々な出来事の物語。シリーズ化され、また漫画以外、映画やテレビ、小説などにもなっている。

＊一反木綿（いったんもめん）
水木しげるの漫画『ゲゲゲの鬼太郎』に登場する空を飛ぶ布の妖怪。

圧型緑内障〉の診断は下されない。聖路加国際病院の向かいのビルにある、内科で行きつけの中央みなとクリニックに眼科があったことを思い出し、聖路加を出ると、その足で向かった。中央みなとクリニックの眼科医の外見は暴走族の姉御だった。ここを最後と決めていたので、それまでとは異なり、〈失明宣告〉を初めて伝えたところ、時間をかけて診察した結果、「失明の兆候はない」との診断だ。そこで、木綿チャンの点眼薬を渡し、「つけると痛い」と説明したところ、成分を調べた後、「つけなくても大丈夫だろう」と言いながら首を傾げるではないか。

それから二〇年以上が経つが、乱視と遠視が進んだとは言え両眼はしっかり機能し、失明の兆候はない。現在、セカンド・オピニオンは比較的常識になっているが、フォース・オピニオンまで試したことになる。

ところで、この二〇年あまり、ずっと失明宣告を気にかけていたかと言うと、そうでもない。点眼薬は姉御医師の診断後やめたが、薬そのものはしばらくの間、食卓の隅に置いておいた。だが、数週間後、思い切って捨てた。その後、いつの間にか、全く忘れてしまったのである。一〇年後の二〇〇七年、一瞬だけ思い出したが、またすぐに忘れた。四年ほど前、左眼球の端が赤くなったので、久しぶりに木綿チャンのところに行った。彼は現役であった。受診後、「一〇年以上前、先生に失明する、と診断されました」と告げると、「一〇年以前のカルテは処分して、もうない。はい、次の患者さん！」だった。

六　ロシアにはお宝映画が眠っていた

猫の舞台挨拶

『ナヌムの家』の公開と前後した時期に、ロシア映画社（旧・日本海映画）から新作ロシア映画の日本配給の相談を受けた。家出してしまった子猫のチグラーシャが町で冒険する物語で、題名は『こねこ』*である。ロシア風な素朴さというか、野暮ったさがなく、オシャレでヨーロッパ風な雰囲気に満ち、また何と言っても猫がたくさん出てきて、演技をするのが可愛い。犬の演技は知られているが、演技する猫は初めてである。どういういきさつだったかは定かではないが、恵比寿ガーデンシネマ*で公開したいと思い、オーナー会社であるヘラルド映画の編成担当のシノヤン（申し訳ないことに正確なお名前を思い出しません）に見て貰うことになった。

当時、銀座四丁目にあったヘラルド映画の試写室で、ロシア映画社の二人のスタッフと、パンドラからの宣伝スタッフも加わって一緒に見た。私は前方でシノヤンの隣の席だ。かわいい猫たちのお芝居は、字幕がなくても内容を理解でき、上映時間も八四分と短いから子ども連れの家族でも楽しめる。終了後、他の人たちを帰して、私とシノヤンだけになり、「どう?」と聴くと、隣で見ていた私としては予想もしない返事が返ってきた。「中野さん、これは難しいねえ」。えっ、と驚いたが、シノヤンとは『こねこ』が初めての仕事でもあったので、「ああ、そうですか」と引き下がってしまっ

＊『こねこ』（英題：The Kitten）
ロシア映画・一九九六年製作＝九九年七月一七日日本公開。監督：イワン・ポポフ、出演：アンドレイ・クズネツォフ、マーシャ・ポポフ。

＊恵比寿ガーデンシネマ
恵比寿ガーデンプレイス内に一九九四年にオープンした映画館。二〇一一年にいったん閉館し、一五年にYEBISU GARDEN CINEMAとして再オープンしている。

た。日頃から親しくしていたら、「何よ、ずっと眠っていたじゃない。ダメッ、やるの！」と押し切っていたことだろう。そう、シノヤンは上映中、私の隣席で白河夜船だったのである。今はもうヘラルド映画も角川映画に吸収されてしまったので、彼の連絡先がわからないのが残念でならない。

さて、その後、あっちこっちと〈放浪の旅〉に出るのはやめて、BOX東中野の山崎支配人にすぐに見てもらった結果、『こねこ』は同館での公開が決まった。朝一一時から一回だけ上映のモーニングショーであるが、ロシア映画社からは少額の宣伝予算しか計上してもらってないこともあり、注文をつけずに承諾した。ところが、マスコミ試写を開始したところ、予想以上に好評である。では、と、当時飼っていた子猫の二十日が、映画に登場する猫のチグラーシャと同じような毛並だったので、マスコミ試写の日、冒頭の挨拶のために連れて行くことにした。お披露目の日、緊張で身を固くした二十日を自転車の荷台から降ろし、抱き上げると、びっしょり濡れている。緊張と恐怖のあまりおもらしをしてしまったのだ。その後は、試写時の挨拶はやめたのだが、公開初日には、性懲りもなく電車に揺られて東中野まで連れて行った。この時にはおもらしもせず、私に抱かれて、しっかり舞台挨拶を務めた上に、「触っていいですか？」と撫でに来る多くのお客さんに嫌がりもせず、愛敬を振りまいてくれた。

『こねこ』は大好評で、観客が入りきれなったために、すぐに朝九時（だったと思う）の回を増やすことにした。映画評論家の川本三郎*さんは、試写を見た段階で、た

＊川本三郎（かわもと・さぶろう）
評論家・翻訳家（一九四四年—）。『大正幻影』（九〇年／新潮社→のち岩波現代文庫）によりサントリー学芸賞、『荷風と東京『断腸亭日乗』私註』（九六年／都市出版→のち岩波現代文庫）により読売文学賞・評論・伝記賞など、他多数受賞。映画評論家としても『映画を見ればわかること』（二〇〇四年／キネマ旬報社）など多数。

いそう気に入ってくれて、宣伝スタッフが、川本さんに会う度に、「川本さんが『こねこ』はいいねえ、とおっしゃっている」と言っていたのを覚えている。また、同じ頃だったと思うのだが、ロシアから『こねこ』製作に協力した猫のサーカス団が来日した。銀座テアトル西友のあったビルの芝居小屋（ル テアトル銀座）で公演した際に、姉と一緒に見に行ったところ、ロビーでばったり川本さんに会った。ほんとうに猫好きなようだった。『こねこ』は、だがビデオ化やテレビ放映などに考えが至らず、公開宣伝を楽しんだ後、ロシア映画社さんにお返ししたのだが、後に知ったところでは、公開により話題となり、他社がビデオ化をして、今に至るもしっかり売り上げを出しているようだ。まったくビジネス音痴だと、スタッフに申し訳なく思う。

ロシア映画秘宝展

一九九六年に『こねこ』の配給を受託したロシア映画社は、ソ連政権時の社名は〈日本海〉だった。日本海には〈お宝〉が唸っている、とその筋ではつとに知られている。なぜなら、ソ連政権当時は、新作が完成するたびにポジフィルムが一方的にソ連から送られてきていたからだと聞いていた。映画はカニ缶などとの並行輸入だったそうだ。ソ連解体後、それらのポジフィルムは、倉庫に眠ったままで、数は軽く一〇〇を超えるとの噂であった。日本海が活躍していた当時（七〇年代から八〇年代初頭にかけてだろうか）から、メインスタッフである山内さんと服部さんのお名前は知っていた。何が契機だったかは覚えていないが、そのお宝の山から、幻想とSFをテーマにユーロスペースで特集上映をしようとなった。多分、私が勝手に決めたのだと思う。服部さんが、プリントの状態や本数も含めて、作品の詳細について丁寧に解説を書いてくれたので、中から数本を選び、特集上映の呼称として〈ロシア映画秘宝展〉を考えた。この呼称を提案すると、服部さんは「箱根や熱海のイベントじゃあるまいし」と一笑に付したが、キャッチコピー共々「良い！」と思ったので、このまま使うことにした。ちなみにチラシにも掲載したそのキャッチコピーとは「ロシアの凍土に眠っていた傑作・快作を一挙上映！」というものである。〈ロシア〉とは国と大陸とロシア映画社を指したつもりだ。当時のチラシが一枚だけ残っていた。デザインは、今は閉館した吉祥寺バウスシアター*で働いていた渡辺純さんである。彼はロシア映画が大好きで、今では、アート系映画のデザインを手がけたら、他の追随を許さないほどの腕だ。

　この企画は、若い映画ファンをとらえて、かなり話題になり、スタッフ皆で楽しんだ企画上映だったのだが……。

〈ロシア映画秘宝展　幻想&SF編〉が好評だったので、同じ年の一〇月に、同じユーロスペースでロシアのアニメーション特集を開催した。〈ロシア映画秘宝展〉の上映作品は、幻想&SF編が、『妖婆死棺の呪い』*、『火を噴く惑星』*、『ピルクスの審問』*、『スタフ王の野蛮な狩り』*、『エバンス博士の沈黙』*、『死者からの手紙』*、『アエリー

＊吉祥寺バウスシアター
東京都武蔵野市吉祥寺本町に所在した映画館。一九五一年にオープンした洋画専門館が八四年に立て直された際に改称。ロードショーの他に単館系作品も上映した。二〇一四年閉館。

＊『妖婆 死棺の呪い』（英題：Viy）
ソ連映画・一九六七年製作＝八五年日本公開。監督：アレクサンドル・プトゥシコ、コンスタンチン・エルショフ、グリゴリー・クロパチェフ。ゴーゴリの短編『ヴィー』を基に、一人の神学者と妖怪たちとの戦いを描いた怪奇幻想譚。

＊『火を噴く惑星』（英題：The Planet of Storms）
ソ連映画・一九六二年製作＝八九年日本公開。監督：パーベル・クルシャンツェフ。ソビエトで初めて金星を舞台に描かれたSF。

＊『ピルクスの審問』（英題：The Test of Pilot Pirx）
ソ連＝ポーランド合作映画・一九七九年製作＝八三年日本公開。監督：マレク・ペストラク。スタニスラフ・レムの原作『宇宙飛行士ピルクス物語』に基づくSF。

タ』、『ミスター・デザイナー』[*]であり、アニメ編には今ではよく知られている『チェブラーシカ』[*]も入っていた。上映しか考えなかったが、後に知ったのは、この二回の企画上映が契機となり上映された作品はその後、他社がビデオ発売など、いわゆる二次使用でたっぷり稼いだとのことで、またしてもビジネスの機会を逃してしまっていたと知った。

キン、何とかいう映画

前述した『フルスタリョフ、車を！』を契機に、ロシアに行く機会が増えた。そんなある日、ユーロスペースの北條誠人支配人が、「なんだか、ヘンな題名のロシア映画がある」「キン、何とかいう映画」と首を傾げて話してくれたことがあった。

では、と今度はモスクワに行くことにした。モスフィルム[*]に連絡を取ると、スタジオの前にモスフィルムホテルがあるから、と宿泊の予約を入れてくれる。この頃は、アエロフロート航空が格安だったこともあり、二月のベルリン国際映画祭に行く前後は、ロシアに立ち寄っていたのだが、「キン、何とか」の時には、モスフィルムに行くためだけで、ロシアに向かった。夏である。この頃のモスクワの国際線専用空港シェレメーツェボ空港はジゴクのようだった。入国審査場ではさまざまな人種の人々が列をつくらず、押し合いへし合いしていて、さながら、数百人でおしくらまんじゅうでもしているかのような混雑のため、空港を出るだけで一苦労である。バッグやコート

＊『スタフ王の野蛮な狩り』（英題：The Savage Hunt of King Stakh）
ソ連映画・一九七九年製作＝八三年日本公開。監督：ワレーリー・ルビンチク。スタフ王の呪いの伝承にまつわる、ミステリアスなホラー映画。

＊『エバンス博士の沈黙』（英題：Silence of Dr. Evans）
ソ連映画・一九七三年製作＝八九年日本公開。監督：ブデミール・メタリンコフ。異星人に助けられたエバンス博士を描くSF映画。

＊『死者からの手紙』（英題：Dead Man's Letters）
ソ連映画・一九八六年製作＝八八年日本公開。監督：コンスタンチン・ロプシャンスキー。核戦争後の世界を描いたSF映画。

＊『アエリータ』（英題：Aelita）
ソ連映画・一九二四年製作＝八七年日本公開。監督：ヤーコフ・プロタザーノフ。火星行きロケットの研究をしている発明家の夢想を描くサイレントSF。

を失くさないようにしっかり胸に抱きしめ、やっとの思いで空港の表に出ると、今度はタクシーの客引きが待っている。帰国便では別の出来事が起きる。灯りの暗い待合室でトランジットの乗客が床に寝ていることも多く、踏まないように歩かなければならない。それに加えて、ゲートが突然、変更されることも多く、ゲートの前で待っている乗客が減り始めると赤信号である。

ロシアは広かった。それも半端な広さではない。まさに広大な大地そのものであるのを目の当たりにした。ある時、空港からモスクワ市内に入るバスで日本人大学生の一団と一緒になったことがある。すると、一人の男子学生が窓に額を擦りつけて「広いなあ、広いなあ」とずっと何度も何度も呟く声がバスの中に響いていたようなこともあった。また、モスクワ市内の信号を渡るのに時間がかかるので、車線を数えたところ片側八車線だった。記憶なので、今度行くことがあったら、確認しなければならない。

モスフィルムホテルは、広大な敷地に建物が点在するモスフィルムの正面入り口から道路を隔てたところに建っていた。ホテルに荷物を置き、すぐにモスフィルムに向かう。「キン、何とかいう映画」を伝えると、笑いながら、担当の五十歳くらいの男性のサーシャさんから、「キン・ザ・ザだ」とすぐさま返事が戻り、試写をしてくれた。ロシア語を理解できなくても、たらーんとした雰囲気の伝わるヘンなSFだった。すると彼は、「イギリスの業者が短い版を勝手につくったようだから、そちらを使うの

＊『ミスター・デザイナー』（英題：Mr. Designer）
ソ連映画・一九八八年製作＝八九年日本公開。監督：オレーグ・テプツォフ。今世紀初めのペテルスブルグを舞台に、デザイナーが遭遇する怪奇な出来事を描く。

＊『チェブラーシカ』（英題：Cheburashka）
ウスペンスキーの絵本『ワニのゲーナ』に登場する愛らしい小動物チェブラーシカを主人公に、ロマン・カチャーノフ監督が一九六九年から八三年にかけて四本の短編人形アニメとして製作。日本では二〇〇一年に劇場公開されブームを湧き起こした。

＊モスフィルム
モスクワにあるロシア最大の映画撮影所。『戦艦ポチョムキン』（一九二五年）、『イワン雷帝』（四四年）などのエイゼンシュテイン作品を始め、『惑星ソラリス』（七二年）などのタルコフスキー監督作や黒澤明の『デルス・ウザーラ』（七五年）も撮影されている。

はどうか」と言うではないか。〈勝手につくった〉こと以上に、その事実を正当な権利者から聞かされるとは！「いや、ちゃんとした版を日本では上映したい」。それで、現在の一三五分の長い『不思議惑星キン・ザ・ザ』*を配給することになった。今、考えると短い方も見ておくと良かったのかもしれない。

いい機会だからと、『不思議惑星キン・ザ・ザ』以外にも、記録映画を中心にたっ

『不思議惑星キン・ザ・ザ』リバイバル公開当時のチラシ

*『不思議惑星キン・ザ・ザ』（英題：Kin-dza-dza !）ソ連映画・一九八六年製作＝最初の日本公開は一九九一年。二〇〇一年七月二一日にリバイバル公開。監督：ゲオルギー・ダネリヤ、出演：エヴゲーニー・レオノフ、スタニスラフ・リュブシン。

ぷり試写をしてもらったところ、米ソの宇宙開発競争時代*には、ずいぶん多くのロケット発射実験などの記録が撮られていたと知った。ところである時、サーシャさんが、モスフィルム内のレストランで昼食をとろう、と言う。「ここから近い方と遠い方のどちらのレストランがいいか」と聞いてくるので、どちらも知らないからお任せしたい、と答えると「では、近い方に行こう」となったが、辿り着くのに所内を一五分も歩いたのである。

ところで、字幕をつけると『不思議惑星キン・ザ・ザ』には、ソ連体制末期を感じさせる政治的メッセージが込められているではないか！　それも、真正面から反体制を叫ぶのではなく、よく練られた脚本と奇抜な造形とを駆使して完成させた前代未聞ともいえるようなＳＦ映画を通して、少数民族差別や官僚支配への批判などを、ぼそっと、呟くように登場人物に喋らせているのだ。ダネリヤ*監督の才能は半端なものではない。もしかすると、少数民族であるジョージア出身だった監督の思いが溜まっていたのかもしれない、とも思う。日本では、翌二〇〇一年七月にニュープリントを使って、ユーロスペースで公開した。その後も、『不思議惑星キン・ザ・ザ』は途切れることなくパンドラで配給を続け、一昨年の夏には、久しぶりに再ロードショー（キングレコードと共同配給）をした。

＊米ソの宇宙開発競争時代
一九五七年から一九七五年までの間の米国とソビエト連邦の冷戦時代、両国により行われた人工衛星を打ち上げるなどの宇宙開発競争を指す。

＊ゲオルギー・ダネリヤ（Georgiy Daneliya）
ロシアの映画監督（一九三〇年―）。日本での劇場公開作は少ないが、監督作には『秋のマラソン』（七九年）を始め、ロシア（ソ連）国内で一千万人以上の観客動員作多数あり。

七　映画プロデュースや書籍発行も

『Devotion 小川紳介と生きた人々』

『こねこ』の公開より二か月ほど前の一九九九年五月、アメリカ人女性映画監督、バーバラ・ハマー*との共同製作を開始していた。『Devotion 小川紳介と生きた人々』*である。

バーバラとの出会いは、一九九五年に遡る。同年の山形国際ドキュメンタリー映画祭に審査員として彼女は来日していた。審査員作品として、レズビアンの恋愛を描いた『ナイトレイト・キス』（九二年）の上映後、壇上から客席に降りて、女性器を自分で見る器具とその使い方を自ら披露した時には、観客は度肝を抜かれたのだろう、会場が水を打ったようにシーンとしてしまった。私はこの映画の後、映画祭最終日前に東京に戻っていたのだが、映画祭終了直後、会社にバーバラから電話が入った。東京駅の〈八重洲ブックセンター〉二階のカフェに、通訳を伴って現れた彼女は、会うなり、「山形で小川プロのことを知った。共同体で映画をつくるとは素晴らしい、大変に興味を持ったので、小川プロについての映画をつくりたい。ついては、日本人にプロデューサーをお願いしたい、と相談したところ、あなたを紹介された」と言う。「えっ!?　よりによって、私が？　どうして？？？　誰が私を推薦したの？　だいたい、私が小川さん（小川紳介監督のこと）*をどう思っているか知っているの？

＊バーバラ・ハマー（Barbara Hammer）
アメリカの映画作家、ヴィジュアルアーティスト（一九三九年―）。映画の他、美術館での映像作品制作なども行っている。主な映画作品にサンクタス』（九〇年）、『ナイトレイト・キス』（九二年）『など。

＊『Devotion 小川紳介と生きた人々』
日本・アメリカ合作映画・二〇〇一年製作＝〇二年一月二六日公開。監督：バーバラ・ハマー（ドキュメンタリー）。

あなたは、小川プロのことをどれだけ知っているの？」通訳が同席していたので、日本語だったこともあり、畳み込むように伝えると、勢いに気圧（けお）されたのか、バーバラは「小川プロのスタッフと、山形国際ドキュメンタリー映画祭事務局の人から紹介された」と躊躇なくすらすらと答える。「えっ⁉　私が小川さんに批判的だったのを知っているはずなのに、どうして？？？　小川さんってメール・ショーヴィニスト（male chauvinist、男性至上主義者）だよ」

「えっ……」。すると彼女は、「考える」と言って、ニューヨークに帰って行った。その後、連絡がないので、諦めたのだろうと思っていた。だが、一年以上後だったと思うのだが、バーバラから連絡を受け取った。バーバラは、何をどう調べたのかについては触れず、考え直した結果、小川プロの製作方法を無条件に素晴らしい、とはみなさず、関わった人々にインタビューしたい、と書いてあり、改めてプロデューサーを依頼してきたのだ。

製作を始めた正確な時期を覚えてないのだが、ある日、バーバラが、小川プロのスタッフに加えて、土本典昭監督と大島渚監督にもインタビューしたい、と希望してきた。小川さんの作品は、ベルリン国際映画祭を始め海外でも紹介されていたので、英語の資料もあるとはいえ、彼女がフィールドワークを重ねたことに感心した。

土本典昭監督と小川紳介監督との付き合いが長いことは、日本のドキュメンタリー映画関係者の間では広く知られている。それに私は土本さんを大好きだったので、「こ

＊小川紳介（おがわ・しんすけ） ドキュメンタリー映画監督（一九三五年—九二年）。六六年、『青年の海 四人の通信教育生たち』で監督デビュー。自身のプロダクション（小川プロ）を率い、農民と生活を共にしながら、『日本解放戦線 三里塚の夏』（六八年）や『三里塚 第二砦の人々』（七一年）など〈三里塚闘争〉を記録したドキュメンタリー・シリーズを手掛けた後、山形県上山市牧野村にスタッフ共々移住し農業を営みながら『ニッポン国 古屋敷村』（八二年）、『一〇〇〇年刻みの日時計 牧野村物語』（八七年）などを発表。

れで土本さんに会える」とすぐに連絡を取った。土本基子夫人に「あなたいいわね、いつも土本さんと一緒で」と言ったことすらあるほど熱烈なファンだった。土本さんには、インタビューを快くお引き受けいただき、バーバラと通訳と一緒に、踊るような気持ちでお宅に向かい、じっくり、というより、うっとりとして、傍らでお話しを伺ったものである。

『Devotion 小川紳介と生きた人々』 写真提供：アテネ・フランセ文化センター

また、大島さんは一九八一年に『小川プロ訪問記』*という六〇分ほどの作品に出演しているだけではなく、大島さんの著書や発言には、小川さんや土本さんへの敬意が表れていた。だが、大島さんを知っていたとは言え、いわば〈雲の上〉の方であるだけではなく、一九九六年二月にロンドンで脳出血のため倒れた後、リハビリ中と聞いていたので、連絡を取るのにかなり躊躇した。ところが、思い切って電話をすると、「短時間ならば」、と快く引き受けてくださった。

インタビュー場所として指定されたの

＊『小川プロ訪問記』
日本映画・一九八一年製作。監督：大重潤一郎。日本デザイン会議会場で上映するために、大重監督が、山形県牧野村で『ニッポン国 古屋敷村』製作中の小川プロを大島監督が訪問するのを記録した作品。

は、東京駅の丸の内ホテルだった。バーバラと一緒に部屋を訪ねると、小山明子さんが傍らにいた。大島さんの口調は少し不自由であったとはいえ、開口一番、「小川プロが存在したのは奇跡です」ときっぱりと強く評価して始まった内容には、無駄が一切なく、インタビューは通訳を介してなのに、二〇分ほどの短さで、滞りなく終わった。語る内容の的確さにはバーバラも驚き、感動のあまり、それこそ飛ぶようにして二人で帰ってきた。内容はそのまま、ほぼ編集せずに本編に使われているほど、明晰であった。

　では、小川プロのスタッフだった方々はどうだったか。プロデューサーの伏屋博雄*さんと助監督だった飯塚俊男*さんとは、個人的にも長い付き合いがあったこともあり、すんなりとインタビューに応えていただけたのだが、他のスタッフの方々はというと、全てがスムースに進んだわけではなく、一部の方々との交渉は難航した。それだけ、小川さんという人が強烈だった証なのだろう。当時を思い出したくないほど、体験が強烈だったのだろうと想像するのは、製作中の状態を垣間見ていたこともあり、さほど難しいことではなかった。一本の映画を完成させるのは生やさしいことではなく、〈おともだち〉感覚でかかわれる共同作業などとは程遠い、強力なリーダーシップの上に成立する、民主主義とは無縁の行為なのだ。その上、小川さんの提唱した方法は、生活を共にしながらの製作である。

＊伏屋博雄（ふせや・ひろお）
映画プロデューサー（一九四四年—）。小川プロダクションの『どっこい！人間節 寿・自由労働者の街』（一九七五年）、『ニッポン国古屋敷村』（八二年）、『一〇〇〇年刻みの日時計 牧野村物語』（八七年）、『映画は生きものの記録である 土本典昭の仕事』（二〇〇六年）などをプロデュース。ドキュメンタリー専門のウェブマガジン『neoneo』の初代編集長。

＊飯塚俊男（いいづか・としお）
ドキュメンタリー映画監督（一九四七年—）。大学在学中より小川プロダクションに所属し、助監督、製作などを務める。九一年、『映画の都 山形国際ドキュメンタリー映画祭'89』で監督デビュー。主な作品に『小さな羽音 チョウセンアカシジミ 蝶の舞う里』（九三年）、『街のひかり 深谷シネマ物語』（二〇一〇年）など。

さまざまな書籍の発行

このような映画の仕事の合間に、さまざまな書籍を発行している。

◯『1945年　ベルリン解放の真実―戦争・強姦・子ども』

一九九五年から九七年ごろにかけての時期には、〝BeFreier und Befreite: Krieg, Vergewaligungen, Kinder〟（ヘルケ・ザンダー*、バーバラ・ヨール共著）の邦訳書発行の準備にも取りかかっていた。ヘルケ・ザンダーは映画の演出や教師をしていたドイツ人女性である。知り合いの日本人から彼女の映画と著作を紹介され、ベルリンで会った。書名の〝BeFreier und Befreite〟とは、直訳すると〈解放する者と解放される者〉との意味だ。第二次世界大戦終結時、ベルリンを解放したソ連軍兵士に、多くのドイツ人女性が強姦された事実を取材した内容である。原書には日本では知られていない事実や用語も多く、翻訳者の一人、伊藤明子さん（『レニ』の字幕を一緒につくった）と一緒に、まずドイツ大使館に問い合わせる。それでも解決しない場合は、手紙やファックスでドイツの戦争資料館のような施設にまで問い合わせた。

邦訳を仕上げていく一方、書名も決めなければならない。ドイツ語直訳の書名では内容が伝わらないので、本の内容から〈強姦〉という語を使用したかったのだが、危惧があった。というのは、カナダ映画『声なき叫び』を公開した一九八二年当時、〈強姦〉は日本のマスコミでは使用禁止用語だったからである。ところが、それから約一五年

*ヘルケ・ザンダー（Helke Sander）
ドイツの映画監督・脚本家・作家（一九三七年―）。

が経ち、〈強姦〉が禁止用語ではなくなっていたのを知ったので、書名を『1945年　ベルリン解放の真実―戦争・強姦・子ども』として、発行にこぎつけることができた。A5判で三〇〇ページを超える分厚い書籍になったが、好評で各紙の書評で取り上げられた。

ところで、ヘルケさんは自著に基づき、ドキュメンタリー映画も完成させていた。三時間を超す大作である。見た結果、残念ながら日本では上映する機会をつくれない、と断ったのだが、このような映画をつくり、上映する機会のあるドイツを羨ましく思った。ちなみに、ドイツの映画製作者は、多くの資金を各連邦共和国の助成金で調達している。

○『ピンク・トライアングルの男たち　ナチ強制収容所を生き残ったあるゲイの記録』

『ビヨンド・サイレンス』を契約した前年の一九九七年に『ピンク・トライアングルの男たち　ナチ強制収容所を生き残ったあるゲイの記録』（一九七二年／原題"Die Männer mit dem rosa Winkel : Der Bericht eines Homosexuellen über seine KZ Haft von 1939-1945"）の邦訳書を発行した。紹介されて手にした時点でドイツでは四刷り（一九九四年）を記録している。この訳も『ベルリン解放の真実―戦争・強姦・子ども』と同様、伊藤明子さんにお願いした。

ナチの強制収容所というとユダヤ人がよく知られているが、他にも強制収容所に送られた人々がいた。政治犯、ロマ*、心身障がい者、そして同性愛者である。書名は、

＊ロマ（Roma）
〈ジプシー〉と呼ばれてきた集団のうち、主に北インドのロマニ系に由来し中東欧に居住する移動型民族。ヨーロッパ諸国で迫害されてきた歴史を持つ。かつては移動型民族を〈ジプシー〉と総称していたが、日本では差別用語、放送禁止用語とみなされ〈ロマ〉と言い換えられる傾向にある。だが〈ジプシー〉にはロマ以外の民族もおり、またロマを自称しないグループも多数存在する。

男性同性愛者が囚人服に付けさせられたピンクの逆三角形を意味している。ちなみに、ユダヤ人は黄色の逆三角形、政治犯は赤の逆三角形であった。同性愛者は強制収容された人々の中でも最下層とみなされ、虐待された末、多くは命を落としている。ドイツには一八七一年成立の男性同性愛（法律文としては〈自然に反する行為〉と書かれている）を禁じた法律（刑法一七五条）があり、それを根拠に迫害したのである。著者のハインツ・ヘーガーは筆名であり、私が原書を手にした時には、既に亡くなっていた。最後まで本名を明かさなかったそうだ。また、同性愛者迫害についてはほとんど文献として残ってないので、不明部分を調べようがなく、『ベルリン解放の真実―戦争・強姦・子ども』の時と同様、ドイツ大使館や直接、ドイツの戦争資料館などにファックスで問い合わせた記憶が残っている。

後年『ハーヴェイ・ミルク』のエプスタイン監督が、編集者のジェフリー・フリードマン*と共同監督で、刑法一七五条そのものを題名にした"Paragraph175"（二〇〇〇年／同年ベルリン国際映画祭最優秀ドキュメンタリー映画賞他多数受賞）というドキュメンタリー映画を発表している。完成度が高く、また貴重な内容だったのだが、日本での劇場公開は難しいと判断した。後に、二〇〇一年の山形国際ドキュメンタリー映画祭でも上映されたので、見た人がいると思う。

＊ジェフリー・フリードマン (Jeffrey Friedman)
アメリカの映画プロデューサー・監督、編集者（一九五一年―）。いずれもロブ・エプスタインと共同で『セルロイド・クローゼット』（九七年）、『ラヴレース』（二〇一三年）、『エンド・ゲーム　最期のあり方』（一八年）を監督している。

○『異才の人 木下恵介—弱い男たちの美しさを中心に』

一九九九年五月に発行した『異才の人 木下恵介—弱い男たちの美しさを中心に』の著者の石原郁子*さんは、静かで控えめな人柄だが、映画の分析は新鮮で大胆だった。批評のテーマに同性愛の映画を取り上げることが多く、木下作品についての〈弱い男〉の視点に納得できたので、発行した。彼女は、「この本を書いて木下監督に叱られるのなら、喜んで叱られたい」と言っていたのだが、残念なことに、本書発行から三年後の二〇〇二年、病気のために四八歳の若さで亡くなった。日本の映画界は優秀な人材を失ったと思う。

○『ロシアでいま、映画はどうなっているのか?』

『フルスタリョフ、車を!』を配給した時にムックのような作りの書籍『ロシアでいま、映画はどうなっているのか?』を発行した。『八月のクリスマス』公開時に『21世紀をめざすコリアンフィルム』を発行した時と同様、ロシア映画の歴史と、将来に続く層の厚さをこの機会に紹介したかったからだ。

取材も兼ねて、サンクトペテルブルクに行く際には、市販の雑誌などでもロシア映画の現状を伝えてほしいと思い、田畑裕美さん(故人)と立田敦子さんという二人のフリーライターを誘い、ソクーロフ監督やゲルマン監督を始め撮影所の人たちにもインタビューをした。レンフィルムに専属のオーケストラがあったのに驚いたが、当時、

＊石原郁子(いしはら・いくこ)
映画評論家(一九五三年—二〇〇二年)。主な著作に『アントニオーニの誘惑—事物と女たち』(一九九二年/筑摩書房)、『菫色の映画祭—ザ・トランス・セクシュアル・ムーヴィーズ』(九六年/フィルムアート社)など。

物資そのものというより、物資の流通機構が充分に機能していなかったからだろうか、通路やトイレの灯りが点いていなかったり、点いていても暗く、また、トイレットペーパーのかわりに、新聞紙などが置いてあった。そのような状況であるにもかかわらず、映画の製作を続けていることには、さらに驚いた。

サンクトペテルブルクは、ゆったりとしたネフスキー大通り*に沿って、歴史の厚みを感じさせる風格ある建物が並ぶ、重厚でいながら華やかさを感じさせる街で、大好きになった。取材の合間に、アレクサンドル・ネフスキー大寺院*に至るネフスキー大通りを行き来していると、入り口が道路より下に位置している建物がいくつもあることに気づいた。ショーウィンドーを道路から見降ろすようになるのだ。聞くと、新しい為政者になると道路を上に重ねるために、時が経つに従い、徐々に建物の入口より道路が上になるとのことだった。

○『処女懐胎の秘密』

出版を手掛けていると、時々、企画が持ち込まれる。テーマは映画、同性愛、女性問題が多い。引き受けられなかった企画も多いが、実は、映画配給より書籍編集の方が自分には向いているのではないか、と考えるようになっていた時期でもあり、関心のある内容については、積極的に企画を検討した。本書もそのような一冊だった。訳者の伊藤明子さんを通して知った本書のテーマである〈単為生殖*〉は、考えたことも

＊ネフスキー大通り
サンクトペテルブルクの中心街を走る、ピョートル大帝によってつくられた大通り。

＊アレクサンドル・ネフスキー大寺院
一八世紀にピョートル大帝によってサンクトペテルブルクの南端に建設された寺院。アレクサンドル・ネフスキーは一三世紀のウラジーミル大公国の大公で、中世ロシアの英雄として讃えられている。

ないどころか想像もできなかった。著者のマリアンネ・ヴェックスはドイツ人で、色彩とボディ・ランゲージが専門の大学の教師。本書発行後、確か長崎大学医学部だったと思うのだが、教授の方から、単為生殖は絵空事ではなく事実としてある、というような長い手紙をいただいた。

本書の翻訳に取り掛かる前、チェコとの国境に近い村で広い納屋のある農家を改造して暮らしていたマリアンネさんを訪ねた。帰りはフランクフルトまで各駅停車の電車に乗る。翌日は、ベルギーのブリュッセルで、韓国映画『達磨はなぜ東に行ったのか』*(八九年)のペ・ヨンギュン*監督による新作の試写を見る約束をしていた。サベナ航空の出発時刻は一七時だった。だが、電車がゆっくりゆっくり走るので、空港に着いたのは出発時刻の一七時。空港内を「待って!」と日本語で叫びながら全速力で走ると、男性空港職員がニヤニヤしながら乗機口を開けてくれたので、滑走路に飛び出した。滑走路では、飛行機が整備士にひかれて動き始めているではないか。すると操縦士と目が合ったので、両手を合わせて頭を下げる。何と、止まってくれた! しかも、目の前にタラップが降ろされてくる。嬉しかった。「すみません、ありがとうございます」と日本語で口走りながら、飛行機に乗り込んだ。乗客は少なかったが、降りる際に改めて乗客と操縦士、客室乗務員の方々に深々とお礼を言った。すると、操縦士も客室乗務員もニヤニヤ笑っているではないか。笑われてもいい! おかげで無事、翌朝九時には素知らぬ顔で試写室に現れることができたのである。

***単為生殖**
本来は接合によって新しい個体を生ずるはずの生殖細胞が、接合を経ることなく新しい個体を形成すること。

***『達磨はなぜ東に行ったのか』(英題:Why Has Bodhi-Dharma Left for the East?)**
韓国映画・一九八九年製作＝九一年日本公開。

***ペ・ヨンギュン(Pae Yong-Kyun)**
韓国の映画監督(一九五一年―)。八年の歳月をかけ独力で『達磨はなぜ東へ行ったのか』を監督し、ロカルノ映画祭グランプリを受賞。他に『黒き地に白き民衆』(九五年)など。

○『満映　国策映画の諸相』

満映*付属の技師養成所出身の九州シネマ・エンタープライズ*の緒方用光（もちみつ）社長と、映画史研究者の牧野守*さんから、この本についての情報はもたらされた。訳者（横地剛さんと間ふさ子さん）のお二人とも九州在住の方であった。発行後、お世話になった方々に贈本したところ、カバー写真に使わせていただいた山口淑子*さん（李香蘭）ご自身から、自分の写真がどうして表紙に使われているのか、との問い合わせだった。許可をもらっていたことを説明したところ、以後は、何もなかったのだが、どうしてこういう行き違いが起きたのかは不明のままである。

＊満映
満州映画協会の略称。一九三二年から四五年にかけて、日本の傀儡政権であった満州国（中国東北部）において三七年に設立された国策の映画会社。四五年に閉鎖。

＊九州シネマ・エンタープライズ
福岡市にある映画配給会社。

＊牧野守（まきの・まもる）
映画史研究家（一九三〇年—）。日本における映画史を確立しようと膨大な資料を収集。二〇〇七年、コロンビア大学図書館に資料を譲渡し、「マキノ・コレクション」と呼ばれる。

＊山口淑子（やまぐち・よしこ）
女優、歌手、国会議員（一九二〇年—二〇一四年）。戦前戦中は中国を中心に李香蘭の名前で歌手、女優として活動。戦後は中国を国外追放となり日本に帰国。一九七四年から九二年、参議院議員。

第Ⅲ章　さまざまな出会い

（二〇〇一年～二〇一八年）

一　両親の過ごした日々

父に呼ばれる

この原稿を書くにあたり、日々の予定や仕事のメモなど、さまざまなことを書き込んだ毎年の手帳を手元において参照しているのだが、二〇〇〇年の手帳を見ていたところ、年初のページに、御殿場高原病院の電話番号が書いてあったのでいろいろ思い出した。その数年前から自由に動けなくなっていた父が、伊豆の自宅での家族の介護やデイサービスを経て、その頃、この病院に入院していたのである。

入院前の数年間は、近所に住む姉の家族が毎日通い、面倒を見てくれていた。私の方は何とか週に二回、東京から介護に通っていた。朝六時一七分発の一番の新幹線こだまで東京を出て、伊豆箱根鉄道の伊豆長岡駅に八時頃に着き、両親の暮らす家へ行き、姉と交代する。一日両親に付きあい、食事や掃除、洗濯などを済ませ、午後四時頃には伊豆長岡駅を出る。だが、既にその頃には、父はもう私の顔を識別できなくなっていた。

父の入院生活が一年ほど経過した二〇〇一年の二月、この年もベルリン国際映画祭に参加した。例年一週間は滞在するのだが、この年に限り飛行機の予約が希望通りにならない。仕方ないので一日短い滞在、五泊六日の予定で出発し、滞在先のホテルのコンセルジュには便の変更をしてほしい、と依頼し、自分でも暇をみては航空会社のカウンターに一日後の便の空席状態を問い合わせていたのだが、どうしても思うようにならず、仕方なく一日短い滞在で帰国した。海外から帰ってくる時はいつもそうするように、成田から会社と郷里に暮らす姉に電話をしたところ、いずれも特に変わりはなかったと聞き安心して帰宅した。宮重がすぐにやって来て、話をしていると、三〇分もしないうちに電話が鳴った。

「たいへん、お父さんが急に、たいへん」

父の容態が急変したと、姉からの連絡である。急ぎ東京駅に向かい、当時入院していた清水の病院へ向かう。病院の玄関で迎えてくれた甥の力(ちから)は、私を見ると黙って首を横に振った。一四分前に亡くなったところだ、と聞いた。苦しまなかったようで表情は穏やかだったが、顔にすがりつくと、僅か一四分だというのに、既に固くなっていた。二〇〇一年二月一九日、八〇歳だった。

「お父さんが呼んだのよ」。例年より一日短いベルリン滞在を知っていた友人の一人が葬儀の時に言った。

父の過ごした日々

第Ⅰ章でも少し触れたが、父は長く務めていた高校教師を定年前の五〇代半ばに退職し、宗徳寺の住職に専念していた。

東京で大学卒業まで暮らした父が、伊豆の山村に馴染むのには時間がかかったことと思う。しかも、なぜか家族以外に多くの人が暮らしていた。いわゆる居候がしょっちゅう、それも一人ではなく何人もが、時には一か月以上も長逗留しているのだった。そのなかには親戚はもちろん、父の教え子で大学生だった今井重司（じゅうじ）さんや、東京から来た仏具屋さんもいた。同じ伊豆長岡町の出身で、東京教育大学（現在の筑波大学）に進学した今井さんは、春や夏、お正月休みで帰省すると、お休みの間中ウチに来ていて私たち姉弟の面倒を見てくれた。弟は彼を兄のように慕い、つい最近、数十年ぶりかに再会を果たした時には、喜んで知らせてきたほどである。東京からの仏具屋さんは宮尾さんという方で、年末年始に逗留していた時、慣れない杵を振り一緒にお餅つきをしたことを思い出す。親戚というのはさまざまで、たとえば従兄の繁兄さんは、地元の静岡ではなく東京の大学に進学を希望していて、ウチが静岡と東京との中間地点だからというのが理由だったのだろうか、居候していたことがある。夏休みの間中、従姉妹や従兄弟が何人も数週間単位で暮らして、一緒に境内や山を駆けまわって遊んだものだった。

また、私が小学生の時だったと思うのだが、町内のとある中年男性の不倫相手だった芸者さんが、奥座敷に暮らしていたこともある。毎日、夕食が終わる頃になると、数人の大人たちがやってきて、茶の間に座り、話し合いが始まる。それが延々と何時間も何日も続く。子どもたちは茶の間から締め出され、当の芸者さんはウチの家族と毎日、一緒に食事をするのである。その芸者さんがご飯をよそう仕草を真似た姉は、母に叱られていた。その仕草は艶っぽかったのだろうか。ある朝、「いい加減にしてよ！　ウチが崩壊する」と、母の怒りが爆発した。朝食の催促に、裏庭の隠居所から出てきた祖父が、その時、父と話していた姿が記憶に残っている。その後どうなったのかは覚えていないが、芸者さんはいなくなり、茶の間は子どもたちに戻ってきた。

こんなふうに多くの人が入れ替わり立ち替わり暮らしていたのは、なぜなのかは知らないが、祖父が住職を務めていた頃からずっと続いていたようだ。「お寺の財産は檀家のものであり、住職は、その家族が世襲するべきではない」という父の考えのもと、私たち姉弟は、いずれも僧職とは無縁の人生を選択し、私は経文も知らない大人になった。ただ唯一、「にーじーせーそんじゅうさんまい　あんじょーにぃきーごーしゃりほつ」という経文の一節だけは今でも諳んじている。それは祖父の許にお経を教わりに来ていた祖父の弟子の息子のトモちゃんが唱えるのを、傍らで「トモちゃん、まだ覚えないの」と、弟と飛び跳ねながら囃し立てているうちに、自然に覚えてしまった経文なのだ。父は姉と私、そして弟の子ども三人に自由な人生を歩ませてくれたのである。世襲しないことを当たり前と思っていたが、周囲の人から「お寺は誰が継ぐの？」といった質問を受けるたびに、父のような考え方はまったく一般的ではないのだと知った。

毎朝、五時頃から一時間近く本堂で読経していた父は、いったい何を考えていたのだろうか。振り返ると、父の過ごした日々をいかに知らなかったかと思う。また、父は口癖のように「英語を勉強しなさい。マスターしたら次は中国語だ。中国の時代が来る」と言い、中学校で英語の授業が始まると、私たちに、英米の出版社発行の子ども向けの本を何冊も与えてくれた。その甲斐もなく、一〇代半ばから勉強を疎かにしたので、中国語どころか英語すらまともに使えず、今となっては後悔することしきりである。だが、父の身内には歌舞伎役者や映画館主など、映画や演劇にかかわる職業の人もいたので、現在の私の仕事については、もしかすると父は喜んでくれていたかもしれない。そう勝手に思っている。

リウマチ発症

父の弟子である後任の住職は父のお通夜を七日間続けた。仕事もあったので、毎日、東京との間を往復し、二月の寒い本堂に一時間近く座る。本堂に長いこと座ったのは祖父の葬儀以来であったのだが、一週間にわたり座っていたことで、私の健康状態にはある症状が顕著に発症するようになった。とにかく足首が痛いのである。当初はしびれを切らしたのだと思っていたが、気づくと、同じ姿勢で長時間正座する時以外、特に朝、目覚めた直後は痛くてたまらない。「足首を切ってほしい」と思うほどであった。そのうち、手首も痛くなり、付け根の突起が少しずつ隆起してくるではないか。すると突起部分の上部に風が吹き抜けるようなイヤな痛みが襲う。ところが、痛みに耐えて起床し、動き始めてしばらく経つと痛みが消え、一日を無事に過ごせる。ところが翌朝、また同じ症状に襲われる。このような状態を繰り返していた。

そんなある朝、八時前に電話が鳴った。田中美津さんからである。彼女からの用件が済んだ後、私の症状を伝えると、「ねえ、それって朝だけ?」「しばらく経つと何も痛くない?」「足首や手首?」と聞いてくる。全ての疑問に「そう」と答えると、「それはねえ、リウマチよ」。予想もしなかった。美津さんは「これしか効果がない」という民間療法を教えて寄越す。迷った末、まず、西洋医学（整形外科）に行ってみることにした。

最初に行った総合病院の整形外科の担当医は割と高齢だった。理由もなく安心したのだが、症状を告げると「あんたよりもっとひどい人はいる」と相手にしてくれない。「でも痛いんです」と続けると、「あんたの痛いのはたいしたことない」。だが、一応、通院するつもりで二回目の予約をお願いしようとすると「私はねえ、人気なんですよ。ずっと後になるかなあ」と言い、三か月も後のカレンダーを指すではないか。「改めて事務の方を通してお願いします」と伝え、二度とかかるまい、と病院を後にした。

『月日ノオト』作成時に取材していた〈リウマチ友の会〉を思い出し、会報を読むと、パンドラの近くの整形外科医院が紹介されていたので、そちらに行く。医師は話をじっくり聞いてくれ、診察も丁寧だった。患者は医師にじっくり話を聞いてもらえるだけで、気持ちがラクになるものだ。そして始まったのは患部への湿布とステロイドの投与である。だが、痛みはそう簡単には治まらず不安が残るので、同時に美津さんから紹介されていた民間療法も試し始めた。

そのように顕著な症状が出ていた時期だったのだが、どうしても所用でロシアに行かなければならなくなり、事前に医師に相談したところ、顔色を変えて「どうなるかは保証しない」と言う。迷ったが、痛みを堪えて出発した。ところが、ロシア滞在中、足首の痛みから解放され、手首の隆起症状も起きなかったのである。日本に戻り、医師にそれを伝えると、驚いていた。「湿気がよくないのでしょうか？」と伝えると、率直な人柄だったのか否定しなかったのである。結果として西洋医学はやめて、民間療法だけを続けることにした。その治療法に従い、治療中は一滴のお酒も口にしなかったのだが、毎朝の痛みが消えるまでにまる二年間かかった。一〇年以上経つ現在は進行が止まったのか、手首の隆起もなく、痛みからも解放され無事に毎日を過ごすことができている。

母の死

後述する『エルミタージュ幻想』公開の前年、父の死からおよそ一年半後の二〇〇二年一〇月二六日、母が八一歳で亡くなった。父の時と同様、姉と姉の家族がずっと面倒をみてくれていた。亡くなる一週間前の土曜日に見舞うと、ベッドから起き上がっていたところで、「ああ、りえこ*」と、口にしながら浮かべた嬉しそうな表情は、つい今朝のことのように脳裏に焼き付いている。

＊りえこ
昭和二〇年代、三〇年代ごろの女性の名前には圧倒的に〈子〉がついていたが、私の名前には〈子〉がついてなかったことがイヤで、自分で自分のことを「りえこちゃん」と呼んでいたため、家族全員が〈りえこ〉と呼びならわしていた。小学校に入学した時、机に〈なかのりえ〉との名札が貼ってあったのが気に入らず、毎日毎日、自分で〈こ〉を書いていたので、担任の渡辺光子先生が根負けしたのか、〈こ〉まで書いた名札に張り替えてくれたのである。

いよいよ、という時、病院のベッドの傍らで姉と付き添っていた。弟が現れないので探しに行くと到着したところだったので「早く、早く」と急かした。すると、弟が部屋に入ったとほぼ同時に、ふーっと大きく息を吐くと、枕もとのベッドサイドモニターの針が、横に一本、スーッとまっすぐに伸びるだけの状態になった。母は、可愛がっていた弟を待っていたのだった。地元の女学校卒業後、東京で栄養士の専門学校に通った母がオカズを前にして、どういう栄養素が含まれているかを、弟とお喋りしながら食事をしていた姿を思い出す。

数年前の母の法事での食事の際、挨拶に立った檀家総代の渡辺昭九郎さんが、「ワタシャ、うーんと奥さんに叱られた」と話し始めると、一斉に座に笑いが溢れたものだ。リブ運動にかかわるようになった時期、「母のような忍従の人生を歩みたくない」と多くの女性が口にするのを聞き、違和感を覚えたこともある。父にしても祖父にしても、忍従の人生は男性のものだと思っていたからだ。

一九八〇年に市川房枝*が参院選に立候補した時、母は「あんたも選挙を手伝えば」と言い、更に、「選挙権が女性に与えられてから、私はずっと社会党*に投票してきた」と続けるではないか。一方、一九八〇年代から九〇年代初めにかけて社会党の勢力が伸び、女性代議士が増えた時期には、「お調子に乗ってぇ。そのうちにしっぺ返しを食うから」としょっちゅう口にしていた。近年、議員の公費出張や税金の無駄な遣われ方などのニュースに接するたびに、子どものころ母がしょっちゅう口にしていたこ

＊市川房枝（いちかわ・ふさえ）
女性解放運動の活動家・政治家。（一八九三年―一九八一年）。一九一九年、女性の社会的・政治的権利獲得を目的に、平塚らいてう達と共に、〈新婦人協会〉を発足させ、女性参政権獲得に尽力。戦後は、一時公職追放になったが、解かれた後、日本婦人有権者同盟を基盤として、売春防止法制定に尽力。参議院議員などにも。

＊社会党
日本社会党のこと。一九四五年結成。一九九六年、社会民主党に改名し現在に至っている。

とを思い出す。「ギイン（当時は町会議員を指したと思う）ちゃあ、よっぽどいいことがあるんだよなぁ。いっきゃあなったら、みぃーんな、やめたぎゃあんにゃあ（一回なったら皆辞めたがらない）」

私が子どものころ、つまり、昭和三〇年代、敗戦の名残もあったためか、墓地のある裏山にホームレスが数人、暮らしていたのではないかと思う。時折、その中の一人ではないかと思うのだが、モリタハナさんという女性が降りてきた。ハナさんは降りてくると、庫裏に立ち寄り、玄関の上がり框に腰かけて、母の握ったお握りを食べながら話し込む。母は問わず語りに彼女の一代記を聞き出していた。そんなハナさんはいつの間にか現れなくなった。

一九五八年九月、伊豆半島を襲った狩野川台風の通過地点の一つである、伊豆長岡駅前の南条から、ウチの保育園*に通って来ていた園児の安否を確かめに行った母が、「子どもたちを押し入れに閉じ込めて、皆で心中しよう」という場面に出会ったことや、天城山から通っていた保母さんの安否を確かめに、徒歩で天城山まで行った、などのエピソードもある。徒歩では恐らく四～五時間かかったのではないだろうか。

そんな母が、ある時、私がニューヨークから戻りしばらく後だったと思うのだが、会いたいと突然、東京にやってきた。会ったのは東京駅の地下だった。「あんたのしている仕事はなんだね？」と聞くので、手掛けていた出版や映画の説明とプロデューサーの役割などを説明した。すると、「なんだかよく分からない」と言い、じっと私の顔を見ると一言、「まっ、いいカオしているから大丈夫だろう」。それだけ言うと、

＊保育園
祖父母は境内地内で保育園を始めていた。

そのまま帰っていったのである。

二　アジア映画　ヘルツォーク『エルミタージュ幻想』

『イルマーレ』『追憶の上海』

二〇〇一年は『不思議惑星キン・ザ・ザ』を公開した年だが、その前に松竹が買い付けた一本の韓国映画を受託配給することになっていた。主演はチョン・ジヒョンとイ・ジョンジェ。チョン・ジヒョンは、後に『猟奇的な彼女』（二〇〇一年／クァク・ジェヨン監督）で一躍日本でも知られることになり、イ・ジョンジェは『純愛譜』（二〇〇〇年／イ・ジェヨン監督）や『ラスト・プレゼント』（二〇〇一年／オ・ギファン監督）が日本でも公開され、やはりよく知られている。この映画でも忘れられない出来事がある。

当初から持論通り〈日本語の題名〉を私が主張し、いつものように、関係者で案を出し合った。ところがなかなか決まらない。原題のカタカナ表記である『イルマーレ』*が邦題の有力な候補として残っていたのだが、ひとり私だけが賛成せず、原題のカタカナ表記ではない日本語題名を主張していた。そこで、松竹の宣伝部を中心にした関係者、プランニングOMの村山さん、パブリシティ担当のスキップの佐藤さんと私とで食事でもしながら話し合うことになり、歌舞伎座近くのイタリアン・レストランの

* **『イルマーレ』（英題：Il Mare）** 韓国映画・二〇〇一年製作＝〇一年九月八日日本年公開。監督：イ・ヒョンスン、出演：イ・ジョンジェ、チョン・ジヒョン。

奥のテーブルに陣取り、ああでもない、こうでもないと一〇人近い関係者で、候補案を前に検討していた。そこにウエイトレスの若い女性が注文を取りに来たので、年齢を問うと、「一八歳です」と答える。「この中のどの題名がいい？」と邦題候補を書いた紙を私が見せると、彼女は迷うことなく「イルマーレ」。その途端、メンバー全員が彼女を指し「それだ！」。今度は私も納得するしかなかった。その後、現在になっても村山さんには、時々この出来事を話題にされている。

映画は前評判も良く、九月八日（土）に無事封切った。ところが、公開から三日目に起きたのが例のニューヨークの〈*9・11同時多発テロ事件〉である。動員数の落ち込みは激しかった。松竹の営業担当者から何度も「どうしますか？ 切りますか？」と電話が入る。興行日数を決めるのは配給会社の大切な責務であるからほんとうに困ったのだが、仕方なく短期間の上映で切ることにした。ところが翌週の後半あたりから動員が増え始めたのである。ロードショー期間を確か三週間か四週間と決めた後だったので、残念でならなかったがどうにもならない。この週は、どの映画も動員が落ち込み、興行史に残るほどだったと聞いている。

時期は前後するが、二〇〇〇年一月に中国映画*『追憶の上海』を若松プロダクションと共同で配給した。公開劇場は新宿シネマカリテ。この作品は*若松孝二監督から、名古屋の映画館シネマスコーレの木全（きまた）純治支配人経由で、もたらされた映画である。

＊9・11同時多発テロ事件
二〇〇一年九月一一日に米国国内で、ニューヨーク、マンハッタンの超高層ビルへの航空機衝突など同時多発的に発生した事件のこと。

＊『追憶の上海』（英題：A Time to Remember）
中国映画・一九九八年製作＝二〇〇〇年一月二九日日本公開。監督・イエ・イン、出演：レスリー・チャン、メイ・ティン。

＊若松孝二（わかまつ・こうじ）
映画監督、プロデューサー（一九三六年—二〇一二年）。六三年にピンク映画『甘い罠』で監督デビュー。六五年に若松プロダクションを創設。足立正生や大和屋竺など多くの映画人が集まる。主な作品に『壁の中の秘事』（六五年）、『胎児が密猟する時』（六六年）、『水のないプール』（八二年）、『寝盗られ宗介』（九二年）、『実録・連合赤軍 あさま山荘への道程』（二〇〇八年）、『千年の愉楽』（一二年）など。

ちなみにシネマスコーレは、現在のオーナーは木全支配人だが、一九八三年に若松監督が「自分の映画を自由に上映したい」と、立ち上げた映画館である。宣伝準備に入る前に関係者で食事した際、若松さんが「革命家は男のロマンだ！」と何度も言っていた姿を忘れられない。若松さんは、〈連合赤軍事件*〉を始め、手掛けるのが難しいテーマに挑戦していただけに、不慮の事故で亡くなられたことが残念でならない。亡くなる少し前、「ちょっと来ないか」との電話をもらったので事務所に行くと、全国に散逸していた自作のプリントを収集し、事務所内の一室で大切に保管してあるのを見せてくれた。何ものも恐れない若松監督の人柄に触れることができたのは財産の一つである。

ヴェルナー・ヘルツォーク

ヴェルナー・ヘルツォーク監督作品の配給についても書いておきたい。今から四十年ほど前になるのだろうか、『ラ・スフリュール、起こらざる天災の記*』と題された、フランスの火山を撮った三〇分の短編ドキュメンタリーを見て以来、ヘルツォーク監督作品は大のお気に入りになり、〈東京ドイツ文化センター*〉でヘルツォーク作品が上映されるたびに通っていた。手帳で確認すると『ラ・スフリュール』はドイツ文化センターで上映された時には、たいてい見ている。そのヘルツォーク監督が、クラウス・キンスキー*を主演に据えたドキュメンタリーの日本配給権を契約できたので、『キン

＊連合赤軍事件
一九七一年から七二年にかけておきた連合赤軍によるリンチ事件のこと。

＊『ラ・スフリュール、起こらざる天災の記』（原題：La Soufriere）
西ドイツ映画・一九七七年製作＝八九年日本公開。監督：ヴェルナー・ヘルツォーク（ドキュメンタリー）。

＊東京ドイツ文化センター
東京都港区赤坂にある、ドイツ連邦共和国の文化機関。別称ゲーテ・インスティトゥート。日本未公開のドイツ映画などを不定期に上映している。

＊クラウス・キンスキー（Klause Kinski）
ドイツの俳優（一九二六年—九一年）。ヘルツォーク監督作への出演に『アギーレ／神の怒り』（七二年）、『ノスフェラトゥ』（七九年）、『ヴォイツェク』（七九年）、『フィツカラルド』（八二年）、『コブラ・ヴェルデ』（八七年）がある。

スキー、我が最愛の敵』の邦題を付けて、旧作の『小人の饗宴』*と一緒にBOX東中野で公開した。二〇〇〇年一二月である。『小人の饗宴』のいつまでも耳に残るケタケタと笑う声はとても不気味なのだが、それ以上に、アッケラカンとした印象を残す。怪作とでも言ったらいいだろうか。何度見てもあきない。

　これがヘルツォークとの縁の始まりで、以後、現在に至るまで、何本も配給を続けることになる。キンスキー演じる『アギーレ／神の怒り』（一九七二年）のアギーレや、『フィツカラルド』（八二年）のフィツカラルドを始め、現実社会では受け入れられ難いエキセントリックな人物、あるいは、『ラ・スフリュール』のように、爆発した火山から、ただ一人、頑固に逃げない男性など、極端に生きる人物を登場させ、ワグナー*の壮大なスケールの音楽を背景に流す。するとスクリーンには、現実から遠く離れたまさに〈映画〉世界が出現し、非現実な時間を堪能できるのだった。

　ヘルツォーク監督作ではもう一本、『問いかける焦土』*にも触れておきたい。一九九一年の湾岸戦争を撮ったドキュメンタリーで、NHKでテレビ放映された時に見たのだが、まさに〈湾岸戦争オペラ〉である。第一章の冒頭、戦火により黒煙をあげて燃え盛る油田地帯にカメラが近づいてゆく。地球上のものとは思えない、どこかの惑星での出来事のようで、不謹慎にも惨事を想像できない。背景に流れるワグナーのオペラ曲『ラインの黄金』*とその映像が見事に調和している。ナレーションはヘルツォーク自身であった。録画して繰り返し何度も何度も見て、遂に、その数年後、へ

＊『キンスキー、我が最愛の敵』（原題：Mein Liebster Feind）
ドイツ・イギリス・アメリカ合作映画・一九九九年製作＝二〇〇〇年一二月一六日日本公開。ヘルツォーク監督が、『アギーレ／神の怒り』などの主演男優クラウス・キンスキーとの愛憎入り混じった関係を描いたドキュメンタリー。

＊『小人の饗宴』（原題：Auch Zwerge haben klein angefangen）
西ドイツ映画・一九六九年製作＝七七年日本公開。ヘルツォーク監督・脚本・製作により、隔離された施設での小人たちの反乱を描いた異色作。

＊ワグナー
ヴィルヘルム・リヒャルト・ワグナー（Wilhelm Richard Wagner）のこと。一九世紀を代表するドイツの作曲家、指揮者（一八一三年―八三年）。『さまよえるオランダ人』『トリスタンとイゾルデ』『ニーベルングの指環』などの歌劇で、ロマン派歌劇の頂点として知られる。ヒトラーが心酔したことでも有名。

『問いかける焦土』

ルツォーク作品の特集上映を東京ドイツ文化センターと一緒に企画した際、上映権取得の交渉を始めた。だが、その企画内での上映はできたのだが、残念なことに劇場公開などの契約はできなかった。それでも諦めず、更に数年にわたり交渉した結果、ようやく日本配給権を取得でき、現在、パンドラ配給作品の一本になっている。『問いかける焦土』はヘルツォークの最高傑作ではないか、と思う。

二〇一八年現在、七六歳になるヘルツォークは、劇映画とドキュメンタリー、テレビや劇場用映画の領域を超え、精力的に新作を発表している驚異的な人物である。これにはプロデューサーであり、ヘルツォーク・プロダクションを率いる監督の兄ルッキ*の存在があってのことと思う。

『エルミタージュ幻想』*

二〇〇二年になる前後だったと思うのだが、ソクーロフから新作完成の知らせ

＊『問いかける焦土』（原題：Lektionen in Finsternis）
フランス・イギリス・ドイツ合作映画・一九九二年製作＝二〇一七年一〇月九日日本公開。監督：ヴェルナー・ヘルツォーク（ドキュメンタリー）。

＊『ラインの黄金』
ワグナーが一八五四年に作曲した楽劇。舞台祝祭劇『ニーベルングの指環』四部作の「序夜」に当たる。

＊ルッキ
フルネームはルッキ・シュティペティック。

＊『エルミタージュ幻想』（英題：Russian Ark）
ロシア・ドイツ・日本合作映画・二〇〇二年製作＝〇三年二月二二日日本公開。監督：アレクサンドル・ソクーロフ、出演：セルゲイ・ドレイデン、マリア・クヅネツォワ。

を受け取った。それは初のデジタル作品だったので、デジタル放送化に向けて研究開発を進めていたNHKが出資に参加し、完成できたのだそうだ。美術品が陳列されたままのエルミタージュ美術館*を舞台に、ロマノフ王朝*三〇〇年の歴史を、九〇分ワンカットで役者が演じる。"RUSSIAN ARK"との英語題名がつけられていた。担当したNHKの磯部プロデューサーが「これまでソクーロフ作品を配給していた会社が、劇場公開を手掛けるのがいいだろう」との配慮で、配給を担うことになったのである。会話の中で磯部さんが『エルミタージュ幻想』みたいな邦題がいいのではないか、と言っていたのを、そのままいただくことにした。

だが、ロシア史に疎いので、エルミタージュ美術館の豪華な内部は堪能できたのだが、内容はチンプンカンプン。わかったのはゲルギエフ*の顔だけだった。そこで、約三〇年間、モスクワの日本大使館に勤務していた松澤一直*さんに、マスコミ用資料のために〈ロマノフ王朝略史〉をお願いしたところ、あっという間に、約二万字弱に及ぶ長文を書き上げてくれ、やっと映画の内容を理解できたのである。マスコミ関係者に説明する際には、「江戸時代三百年のロシア版のようなものです」「もし、犬が座布団の上に座っていたら綱吉の時代って分かるでしょう」「松の廊下だって意味はすぐに分かるじゃないですか」などと伝えたものだ。

『エルミタージュ幻想』は何といってもラストシーンが見事である。宴を終えた大勢のロシア貴族が、衣(きぬ)擦れの音をさせながら舞踏会場を引き上げる姿が延々と続く。

＊エルミタージュ美術館
ロシアのサンクトペテルブルクにある世界最大規模のロシアの国立美術館。一七六四年にエカテリーナ二世（一七二九年—九六年、在位は一七六二年—九六年）の離宮として建造され、後に美術館に改造。主たる所蔵品は古代から現代にいたる絵画や彫刻を始めとする美術品や、古代遺跡からの出土品である。

＊ロマノフ王朝
一六一三年、ミハイル・ロマノフ（一五九六年—一六四五年）により成立し、ロシア革命により一九一七年で倒れるまで三〇〇年あまり続いたロシアの王朝。

＊ヴァレリー・ゲルギエフ (Vaery Gergiev)
現代ロシアを代表する指揮者（一九五三年—）。マリインスキー劇場の指揮者（のち総裁）として同劇場を世界的な地位に引き上げる。『エルミタージュ幻想』のラストの大舞踏会で指揮者として登場する。

するとカメラが引いて霧の立ち上がるネヴァ川*が映される。まさにロシア映画の伝統芸、真骨頂のモブシーン（群衆シーンのこと）である。

有楽町で開催しているアジアの映画を中心にした映画祭〈東京フィルメックス*〉からの要請に応えて、映画祭期間中の二〇〇二年一二月一日をお披露目上映の機会とし、その際にプロデューサーのアンドレイ・デリャービンさんが来日された。劇場公開が翌〇三年二月二二日からユーロスペースと決まっていたので、いいタイミングであった。

そういえば、NHKはデジタル化に向けてさまざまな試みをしていたので、新しいシステムを開発する度に声がかかり、その都度、宮重とテスト試写を見に出かけて行った。一度など、ユーロスペースに、人の背丈以上の高さ、一人では抱えられない幅の、四角柱状の白くて大きなステンレスの箱のような装置を設置して試写したこともある。たまたまユーロスペースに来ていた某有名監督が興味深そうに、「へええ、これがデジタル機ですか」とつぶやくなり、機械をポンと叩いたところ、「ダメですよ、そんなことすると映らなくなります」と叱られていたのに遭遇したこともある。

『エルミタージュ幻想』の配給を決めた直後に、サンクトペテルブルクに行く機会があったので、エルミタージュ美術館も訪ねてみた。改装工事中だった館内を、わざわざデリャービンさんが案内してくれると言う。工事中の外観は現在のように鮮やかではなく、くすんでいた。多くの人々が慌ただしく出入りする職員通用口で、モタモタしていると、「ピョトロフスキー館長に紹介するから早く来い」と急かされた。続け

＊松澤一直（まつざわ・かずなお）
ロシア語翻訳、通訳者（一九三九年―）。著書に『頭でわからないなら尻で理解しろ！』（二〇〇八年／ベストセラーズ）、訳書に『大空からの手紙　まごむすめに伝えたい、ふるさとの自然のおはなし』（二〇〇三年／ゲオルギー・プリャーヒン著／新読書社）、『M―6対KGB　英露インテリジェンス抗争秘史』（一七年／レム・クラシリニコフ著／佐藤優監訳／東京堂出版）など。

＊ネヴァ川
ロシアの北西部のラドガ湖を源に、サンクトペテルブルク市内を流れ、フィンランド湾に注ぐ全長七四キロの川。

＊東京フィルメックス
毎年秋に開催され、アジアを中心とした各国の独創的な作品を上映する映画祭。二〇〇〇年よりスタート。

て「ここの館長は国務大臣クラスなのだ」と。館長はさほど大柄ではなく、もの静かな学者のようなたたずまいの方だった。館長室に向かう途中に例の有名な黄金の鳥が、ケースに入れて何気なく置いてあり、色も写真で見たような輝く金色ではなく、くすんでいた。とにかくあまりに広い。デリャービンさんに収録美術品の点数を聞いたところ、「分からない。誰も知らないだろう」。その時のエルミタージュ美術館は改装工事中だったからなのだろう、実際の美術館より、映画の方がはるかに絢爛豪華な印象であった。

公開劇場を早々とを決めることができたのはラッキーなことであり、相応しい邦題もいただいたのだが、受け取った写真等のオリジナル宣材が、日本人の抱くエルミタージュ美術館の華やかさとはほど遠い。さらに、ソクーロフ監督作品と聞くと、マスコミ関係者が尻込みする。するとデザイナーの渡辺純さんが本編から一枚のカットを選んでくれた。それが今でも使っている数名の着飾った女性の写真である。決して上品とは言えない目つきで同じ方向を見つめる晴れ着姿の女性たち。デザイナーの渡辺さんにそれを伝えると、「品のないところがいいんですよ」と言う。渡辺さんのセンスを全面的に信頼することにした。

宣伝用のメイン写真を決めることができたので、安心していたところ、一二月だったと思うのだが、日本橋三越でエルミタージュ美術館に関係した美術展を企画中の会社の清水さんという男性が、電話を寄越し、試写を見せてほしいと言う。「何の用事

『エルミタージュ幻想』ロシアのオリジナルプレスの表紙

かは分からないけど、面倒くさい」と、高校の同級生数人と会っている時に呟いた。すると「日本橋三越の企画する展覧会は一流だ」と、当時、高島屋で美術担当をしていた同級生の久永クンが言う。重ねて、別の同級生の森野クンが、「お前はバカだなあ。あの人を知っているけど信用できる。直ぐに行け」と言うではないか。ならば、と、年明け早々、二〇〇三年一月四日に日本橋三越に清水さんを訪ねた。会うなりすぐに清水さんが口にしたのは意外な窮状だった。

「〈エカテリーナII世のセーブル磁器展〉のオープンが一か月後に迫っているのに、写真一枚すら送って寄越さないから困っている」。

そういう窮状ならば、解決は簡単である。『エルミタージュ幻想』は、上映素材としてはデジタル以外に、三五ミリのポジフィルムも作成してあったので、「『エルミタージュ幻想』のフィルムをお貸ししますから、いい場面をスチール写真にして使っていいです。ただし、全ての写真に映画の邦題と公開劇場、封切り日を書いてください」と伝えた。日本橋三越の展覧会がそのまま、『エルミタージュ幻想』の宣伝会場になってくれたのは言うまでもない。我が仕事人生で数少ないラッキーチャンス・ゲットの瞬間である。

会期中に行ってみたところ、写真はもちろんのこと、映画の中での贅沢な晩餐会のテーブルが再現されてあり、そこにも映画の公開情報を告知してある。予告編も会場に流しっ放しにしていただき、出口には映画のチラシを配架、と至れり尽くせりであった。実は、それまでのソクーロフ作品同様、宣伝が超難航していたので、この協力は嬉しかった。ロシア人が怠慢だったおかげで得られた清水さんとの出会いであり、ラッキーチャンスも得ることができた。

『エルミタージュ幻想』は朝九時が最初の回で夜九時が最終回、つまり、一日七回上映し、二月から六月までユーロスペースでロングラン。ユーロスペースでの上映中の後半には、新宿武蔵野館でも上映し、最初の公開から一〇年以上経った現在でも見られ続けられている。

書籍編集発行

二〇〇〇年前後には書籍『愉悦のとき　白石かずこの映画手帖』(一九九九年／白石かずこ著)、『新装版　自由 それは私自身―評伝・伊藤野枝―』(二〇〇〇年／井手文子著)、『日本映画検閲史』(〇三年／牧野守著) の三冊を発行している。

○『愉悦のとき　白石かずこの映画手帖』

白石かずこさんの詩を最初に読んだのは一〇代半ばのころだったと思う。湿気を感じさせない乾いた作風が大好きだった。パンドラを始めてから、何が縁だったのかは記憶にないのだが、知り合い、いつも試写を

『エルミタージュ幻想』

見ていただいていただけではなく、前述のように『ナヌムの家』公開時に、右翼に襲われた際には記者会見の壇上にも座っていただくなど、ずいぶんお世話になった。

『愉悦のとき　白石かずこの映画手帖』は、映画についての文章を一冊にまとめた内容で、編集は当時パンドラの映画関連書籍の編集を担っていた稲川方人*さんにお願いした。『百合の伝説　シモンとヴァリエ*』を白石さんが気に入っていたので、表紙に使った。この本に収録された『ナヌムの家Ⅱ』について書かれた文章は、白石さんでなければ書けないと思うので、一部を引用したい。

「ナヌムの家につどう女たちの中でもカン・ドッキョンは少女だった。老いても、老いても、心は十四歳の無垢な、感受性ゆたかな、眼の愛くるしい、つつましささえ持っている老いたカン・ドッキョンのまわりに、なんと個性的なおもしろおかしくワイザツで強くって、ワイルドで、ちゃっかりして、勤勉で、怠けもので、気性が激しく、パッショネイトな、さまざまな女友だち（ナヌム、仲間）がいたことよ」

白石さんは、本書発行準備中に紫綬褒章を授与されている。

○『新装版　自由　それは私自身―評伝・伊藤野枝―』

『新装版　自由　それは私自身―評伝・伊藤野枝―』は、一九七九年に筑摩書房から発行された伊藤野枝*の評伝『自由、それは私自身　評伝・伊藤野枝』に加筆修正をしたものである。原著を発行時に読み、その後『美は乱調にあり*』も遅ればせながら読

＊稲川方人（いながわ・まさと）
詩人、映画評論家、編集者（一九四九年―）。『2000光年のコノテーション』（九一年／思潮社）で現代詩花椿賞、『聖－歌章』（二〇〇七年／思潮社）で高見順賞、『詩的間伐－対話2002－2009』（一〇年／瀬尾育生と共著／思潮社）で第一回鮎川信夫賞受賞。

＊『百合の伝説　シモンとヴァリエ』（原題：Lilies）
カナダ映画・一九九六年製作＝九七年八月一六日日本公開。監督：ジョン・グレイソン、出演：ジェイソン・カデュー、ダニー・ギルモア。

んだ一九八〇年代初め頃、井手文子*さんと知り合ったのだと思う。親子ほど年齢に差はあったが、すぐに意気投合し、信濃追分の井手さんの山荘に、ほぼ毎夏、遊びに行った。信濃追分の駅から歩いて四〇分ぐらいのところにあり、国道から脇道に入り、別荘が点在する中、小川のほとりにひっそりと建っていた。ヒッピー*の人たちが作ったという山荘は、確か六角形で、入り口のドアを開けるといきなり部屋になり、しかも一階はその一部屋だけで、それ以外は、二階というか屋根裏部屋と台所とお手洗いとお風呂がついているだけの簡素な作りだった。部屋の片隅に特注のストーブがあり、夏も薪をくべて温まるのだ。二人でお喋りしながら、近くの『思想の科学』*の山荘に行ったり、中軽井沢まで散歩したりした。友人たちや、宮重たちとも一緒に行ったこともある。水道が凍る冬にも確か一回くらい行ったと思う。夜になるとストーブの周りで、本や映画の話に花を咲かせる。小川を越えてしばらく歩くとドイツ人村と呼ばれる家々があると聞いていたが、ついに一度も行かなかった。

井手さんは「らいてうさんについて一冊書きたいの」と、平塚らいてうが晩年、新興宗教に傾いたことにいつも言及していた。それを結実させたのが『平塚らいてう　近代と神秘』(一九八七年／新潮社)である。残念ながら一九九九年一〇月に七九歳で亡くなられたが、晩年は「犬がかわいいのよ」と、犬との散歩を楽しみにされていた。

＊伊藤野枝（いとう・のえ）
女性解放運動家、作家（一八九五年―一九二三年）。平塚らいてうを中心に結成された青鞜社（一九一一年―一六年）に参加し、文芸誌『青鞜』の最終期の編集を担う。人工妊娠中絶や売買春など、時代を先取りした論陣を張った。無政府主義者でもあり、夫の大杉栄（一八八五年―一九二三年）と共に関東大震災直後、虐殺された（甘粕事件）。

＊『美は乱調にあり』
瀬戸内晴美著による伝記小説。伊藤野枝を主人公に、辻潤、大杉栄、神近市子、平塚らいてうなどが登場する。

○『日本映画検閲史』

著者の牧野守さんのご自宅を、稲川さんと一緒に始めて訪ねた時のことは忘れられない。玄関でお迎えいただいた奥様は「おとうさんの趣味にも困ったものだ」というような表情で、諦めと同情のこもったような表情で私たちを見つめている。やっぱり、と心では思いながらも、ご挨拶の後に案内された玄関脇の牧野さんの書斎には本棚が並んでいた。予想より少なく見えたので、「ご本はここだけですか？」と聞くと、牧野さんが「こうなっています」と、部屋の右手にスティル製の本棚が壁に向かって縦に並んでいるのを見せてくれた。つまり、本の背は見えず、等間隔に隙間のあるスティルの壁ができているようなものだ。本棚は一〇本以上だろうか。ミニ図書館であり、書籍にとどまらず、写真や脚本も保存され、木造の家の床がへこみそうなほどの膨大な量である。見せていただいた資料は、まさに〈お宝〉だった。中に、「土」（一九三九年／長塚節*原作／内田吐夢*監督）のアカ字の書かれた脚本があった。後日談になるが、これらの貴重で膨大な資料は現在、アメリカのコロンビア大学に〈マキノ・コレクション〉として保存されているとのことだ。

原稿そのものについては、稲川さんによると、「自由自在に書いてあるから、すごい量で、二〇〇〇枚ぐらいになる」とのことだった。相当な時間をかけて発行にこぎつけたのだが、おそらく稲川さんがかなりご苦労だったことと思う。発行後、『日経新聞』の記者から牧野さんの連絡先を知りたい、との電話があり、ほどなくして、『日

＊井手文子（いで・ふみこ）
女性史研究家（一九二〇年―一九九年）。著書に『自由　それは私自身　評伝・伊藤野枝』（一九七九年／筑摩書房／後に二〇〇〇年に『新装版自由　それは私自身　評伝・伊藤野枝』としてパンドラで発行）、『平塚らいてう　近代と神秘』（八七年／新潮社）、共著に『箕作元八　滞欧「箙梅日記」』（八四年／東大出版会）など。

＊ヒッピー
一九六〇年代、米国でベトナム反戦運動から派生して、若者たちを中心に世界に広がった、旧来の価値観を否定し、新しい価値観に基づいた生き方を求めるムーブメント。

＊『思想の科学』
一九四六年に、鶴見俊輔を始めとする哲学者たちにより創刊され、九六年に終刊となった月刊思想誌。

経新聞』朝刊の最終面（文化欄）に、牧野さんの検閲文献についての文章が掲載された。

新宿中村屋での出版パーティでは、奥様から丁重なお礼のご挨拶をいただき、恐縮してしまったのだが、始まって早々に料理が終わってしまい、宮重と二人であたふたしたことは今でも忘れられない出来事だ。厨房に何でもいいからすぐにできるお料理を、と注文した。恐らくカナッペとか、ハムと生野菜の盛り合わせが出てくるのだろう、と想像していたのだが、出てきたのは何と、ソース焼きそばだった。出版パーティの予算をケチケチしてしまい、申し訳なかったと深く反省している。この場を借りて牧野さんと出席していただいた方々にお詫び申し上げなければならない。

井手さん、白石さん、牧野さんとの出会いも貴重な財産である。

三　あるベテラン監督の来訪

二〇〇〇年ごろから、日本映画の配給についての相談に来訪される方が増えた。ともかく映画を完成させた後、「公開したいので、どうしたらいいのか」と来訪されるのである。文化庁が映画製作への助成金制度をスタートさせた影響もあったのだろう。助成金制度の施行前にも公開のめどが立たない映画の相談を受けることはあったのだが、九〇年代半ばごろから顕著になった。相談に来る方々に、公開までの業務や経費などを説明したのだが、あまりにも上映について考えずに製作する人が多いことに呆

＊長塚節（ながつか・たかし）
歌人、小説家（一八七九年—一九一五年）。『アララギ』『馬酔木』に短歌を発表。『土』（一九一二年）を原作にした映画『土』は第一六回キネマ旬報ベストテン第一位に選出されている。

＊内田吐夢（うちだ・とむ）
映画監督（一八九八年—一九七〇年）。俳優として活躍の後、日活で監督業に。主な作品に『血槍富士』（五五年）、『宮本武蔵』（五部作、六一年—六五年）、『飢餓海峡』（六五年）など。

れてしまった。「映画は製作しただけでは、その辺に転がっているただの製品で、観客の目に触れて初めて商品として完成するのです」「作ることは時には情熱さえあれば可能かもしれないけど、配給、興行はしっかり経済構造に組み込まれていますから、情熱だけでは解決できません。配給とはいわば、工場で出来上がった製品を商品にする仕事です。夜店で投げ売りするか、銀座の目抜き通りのウィンドウに並ぶかを決めるのです」そのようなアドバイスに始まり、最初は余計なお節介や親切心も入りくどくどと説明したものだが、次第に怒り半分――どころか、怒り一〇〇％になっていき、「ハリウッド・メジャーは皆、配給会社なのですよ」「どんな商品でも新発売や製品開発の時には、マーケティングリサーチをするのに、どうしてしなかったのですか」「その業務でご飯を食べている人がいる意味を考えたらどうですか」などと叫んだこともある。誰に見せる、あるいは見せたい映画として完成させるのか。外国映画の配給がメインだったので、宣伝会議では年齢や性別などに始まる観客層については、必ず検討してきたため、それらを考慮せずに製作に入ってしまうことが理解できなかった。

なかには東京公開の劇場が経費も含めて公開までのすべての業務と経費を担ってくれる、と思い込んでいる人もいたし、実際に東京公開が終ってしまっても、そのままの思い込みを変えることのできないケースもあった。つい最近も、某著名人が旗振り役になって完成させた映画を上映したい、と当該著名人のお使いという方が来訪されたので、具体的内容も含めて公開までの段取りや費用を、時間をかけて説明したところ、結果としてその著名人の方が、「へええ、お金がかかるの。ならいい、自分たちでやる」と、言っていると聞いたケースもある。この場合、ついに、著名人当人からは何も言ってこなかった。他人の時間と厚意を何だと思っているんだ！

そのような出来事が続いたある日、二〇〇二年一〇月一日に、作品を通してしか知らないあるベテラン映画監督の方が、大阪の映画館〈シネ・ヌーヴォ〉*の景山理*支配人の紹介で来訪された。新作を半年前に完成したのだが、公開のメドが立っていない。何とか公開してほしい、と頭を下げられるのだ。監督によると、製作資金が途中で払底してしまったためなのか、プロデューサーの所在が不明なため、作品が宙ぶらりんのままだとのことだった。

作品の質も重要だが、配給受託となると金銭面を始めいくつも課題がある。だが、断っても断っても諦めずに来社される。実は二〇代で見たその監督の作品が〈邦画マイベストテン〉に入っていたこともあり、根負けして、まず作品を見せていただくこと、お金の責任を取る人をはっきりさせることと、そのプロデューサー当人に会わせてほしい、ロードショー劇場として岩波ホールを決めてきてほしい、などを始め、いくつかの条件を伝えた。監督は自ら岩波ホール総支配人の高野悦子さんと交渉して上映を受け入れていただき、ついにお金の責任者であるプロデューサーご本人が、パンドラに来訪されるところにまで漕ぎつけたのである。確か二〇〇三年の春になってい

＊シネ・ヌーヴォ
大阪市西区九条にあるミニシアター系の映画館。映画ファンの市民を一口株主として募り、一九九七年設立。二〇〇六年に同館の二階に二四席の〈シネ・ヌーヴォX〉を開館。

＊景山理（かげやま・さとし）
大阪で発行されていた『映画新聞』の編集発行人から、株式会社ヌーヴォの代表となりミニシアターのシネ・ヌーヴォを創設。現在、同劇場代表。一九九九年には兵庫県宝塚市に姉妹館としてシネ・ピピアを創設し、支配人を兼務する。

たと思う。

そのベテラン監督とは黒木和雄*監督であり、プロデューサーとは仙頭武則*さんである。そしてその映画こそ、黒木監督の〈戦争レクイエム三部作〉の第二作となる『美しい夏キリシマ*』であった。

黒木監督については、土本典昭監督から、時々、話を聞いていただけで面識はなかったのだが、腰が低く、周囲に気配りをする人柄で、自作を最後まで面倒をみる（責任を取る）、つまり観客に届けるまで、自らこまめに歩きまわる方だった。

思い起こすと大島渚監督もそうだった。このように書くと「当たり前だろう」と思う人もいるかもしれないが、必ずしもそうではない。なかには、「どうして自分が製作資金集めに協力しなければならないのか？　宣伝に歩いて回る？　チケットを売る？　そんなことはしません」と、平然と口にする独立プロダクションの監督と出会ったこともあるのだ。

〈邦画マイベストテン〉に入っていた映画は『竜馬暗殺』（一九七四年）と『祭りの準備』（七五年）である。〈戦争レクイエム三部作〉の第一作『ＴＯＭＯＲＲＯＷ　明日』（八八年）も、公開当時に岩波ホールで見て、庶民の日常生活の中から戦争を描くつくりのうまさに、感服したことを覚えていた。

二〇〇三年春、プロデューサーの仙頭さんが最初に来訪された際に口にした言葉を、今でも忘れることができない。一言一句正確ではないが、次のような内容であった。

＊黒木和雄（くろき・かずお）　映画監督（一九三〇年―二〇〇六年）。岩波映画製作所に所属中に前衛的なドキュメンタリーで注目を集め、フリーとなった後、六六年に初の劇映画『とべない沈黙』を監督。日本とキューバの初の合作映画『キューバの恋人』（六九年）や、『竜馬暗殺』（七四年）、『祭りの準備』（七五年）などのＡＴＧ提携作品、『ＴＯＭＯＲＲＯＷ　明日』（八八年）、『美しい夏キリシマ』（二〇〇二年）、『父と暮せば』（〇四年）の〈戦争レクイエム三部作〉などを手がけ、日本映画を代表する巨匠の一人として知られる。

＊仙頭武則（せんとう・たけのり）　映画プロデューサー・監督（一九六一年―）。大手鉄鋼メーカーを経てＷＯＷＯＷに入社（のちフリー）。地上波テレビ局発とは違う形の日本映画を数多くプロデュースし、注目される。主なプロデュース作品に、『Ｊ・MOVIE・WARS』（九三年）、『萌の朱雀』（九七年）、『リング』（九八年）、『EUREKA ユリイカ』（二〇〇〇年）など。

「四〇歳になるにあたり、残る仕事をしたいと思い、『美しい夏キリシマ』を製作した」。当時、私はすでに四〇歳を過ぎていたが、そのように〈残る仕事〉などと、それまで考えたことがなかった。仙頭さんの話を聞いたその時から一五年近くを経て、人生の残り時間が僅かになったというのに、そのお気楽さは、大して変わらない。計画的人生設計などとは無縁の日々である。穴があったらすぐに入ったまま出ることができない。

『美しい夏キリシマ』の主演は今やテレビや映画で活躍する柄本佑*さん。本作がデビュー作でもあり、まだ高校生になったばかりだった。戦争という大情況の中で不安に怯える少年を見事に演じた。四年前、二〇一四年五月にオーディトリウム渋谷で『美しい夏キリシマ*』をあらためて上映する機会があり、柄本さんを招き、黒木監督の助監督だった日向寺太郎監督と対談をしていただいた。一〇年ぶりくらいでお会いした柄本佑さんは、当然だが、すっかり成長して立派な青年になっていた。

『美しい夏キリシマ』

さて、来訪された仙頭さんから、完成に至るいきさつを聞いて、よく完成まで持ち込んだものだ、と感心した。

一本の映画が完成するには、多くの出来事の起きるのがノーマルな状態である。資金問題を始めとして原因はさまざまではあるが、頓挫する作品は決して少なくない。

＊『美しい夏キリシマ』
黒木和雄監督、仙頭武則製作、パンドラ配給の日本映画。二〇〇三年一二月六日公開。出演：柄本佑、小田エリカほか。

＊柄本佑（えもと・たすく）
俳優（一九八六年—）。父は柄本明、母は角替和枝、弟も柄本時生という俳優一家。『美しい夏キリシマ』のオーディションに合格してデビュー。他に『17歳の風景～少年は何を見たのか』（二〇〇五年）、『フィギュアなあなた』（一三年）、『素敵なダイナマイトスキャンダル』『きみの鳥はうたえる』（一八年）など。

＊日向寺太郎（ひゅうがじ・たろう）
映画監督（一九六五年—）。黒木和雄やドキュメンタリー監督の松川八洲雄に師事し、助監督を務める。二〇〇五年、『誰がために』で監督デビュー。他に実写版の『火垂るの墓』（〇八年）、『爆心 長崎の空』（一三年）など。最新作『こどもしょくどう』が今冬公開予定。

完成後、上映されずに埋もれていく作品もある。『美しい夏キリシマ』にも難事はあったようだが、完成まで漕ぎつけられたのは、監督とプロデューサーが、自作に対して熱意と誠意をもって責任を果たしたからだと思った。

すんなりと丸投げのような形で配給を任せてくれたことについて仙頭さんに問うと、自分たちで配給まで担った経験もこれまでにあったとのことで、「配給は手間がかかる」ので任せたい、と言う。確かにその通り。手掛ける作品ごとに、相応しい案や手法を考えて観客を掘り起こす。なかなか面倒なことも多く、手作業でなければならない、つまりルーティンにならない業務が多い。その上、浅くても広範な知識と情報、人脈などが求められ、煩瑣（さまつ）な業務も厭わない細やかさと同時にタフさが必要である。

配給を引き受けた時、仙頭さんに、宮崎での製作現場に参加していたスタッフの中から、一人でいいから、公開までの期間、パンドラに席を置き、配給宣伝業務チームの一員として、実務に携わってほしい、と依頼したところ、曽根晴子さんという二十歳代の女性を選んでくれた。曽根さんは、宮崎でのロケチームに参加していた製作デスク担当のスタッフであり、当時はまだ一般的ではなかったコンピュータの操作に詳しい、優秀な女性だったので、業務を進めるうえで、随分助けられた。その他、配給宣伝費の前払いを始め、配給を受託するにあたり、仙頭さんにいくつかの希望を伝えたところ、何も言わずに、すべて、クリアしていただいた。

体制が整うと、プランニングOMの村山さんがスタッフと共に、予告編やチラシを始めとする宣材作りに取り掛かる一方で、黒木監督は曽根さんや宮重と一緒に、ご自身に縁のある集まりや、組織をはじめ、関係各所に、数か月間、宣伝に回ってくださった。時によると同じ日に二か所以上に行くこともあった。

ところで、劇場公開が決まった段階で、監督に一件だけ作品の内容について注文を出した。石田えりさん*と香川照之さん*のセックスシーンを切ってほしい、とお願いしたのである。というのはこの映画は高校生にぜひ見てほしい内容だと思ったので、そのためにはセックスシーンがハードルになるのではないかと考えたからである。だがこの提案は、監督から言下に断わられた。

「石田えりさんの……」

さて、封切り日の前日に、高野悦子さんが会いたい、と言ってきた。岩波ホールの会議室に通され、二人きりになると、両方の手でテーブルの上をなでるようにしながら、「ウチは共産党の人たちや創価学会やキリスト教の信者の人たちも、たくさん来てくださるんですよ」とゆっくり話し始める。すると、続いてそれまでの高野さんのイメージからは想像もできない言葉が飛び出した。「それに、石田えりさんのオッパイを見に来る人もいるでしょうから、明日はいい初日になるでしょうねぇ」。

こうして、無事初日を迎えることができた『美しい夏キリシマ』は、二〇〇三年一二月六日に岩波ホールで封切り、約一二週間上映した後、全国に広がっていっ

＊石田えり（いしだ・えり）
女優（一九六〇年―）。テレビ番組のアシスタントで芸能界デビューし、一九七八年、『翼は心につけて』のヒロインで映画デビュー。主な作品に『遠雷』（八一年）、『釣りバカ日誌』シリーズ（八八年―九四年）、『うつくしいひと』（二〇一六年）など。

＊香川照之（かがわ・てるゆき）
俳優、歌舞伎役者（一九六五年―）。父は歌舞伎役者の二代目市川猿翁、母は女優の浜木綿子。八九年の大河ドラマ『春日局』で俳優デビュー。中国映画『鬼が来た！』（二〇〇〇年）やテレビドラマ『半沢直樹』（一三年）など幅広いジャンルで人気を博す。二〇一一年より九代目市川中車を襲名して歌舞伎俳優としても活躍。

『美しい夏キリシマ』

た。そしてその年のキネマ旬報ベスト・テンの第一位となり、黒木監督には同ベスト・テンの日本映画監督賞や日刊スポーツ映画大賞、仙頭プロデューサーには藤本賞奨励賞、柄本さんもキネマ旬報ベスト・テンの新人男優賞、香川照之さんには日本映画批評家大賞、原田芳雄*さんには報知映画賞助演男優賞など、数々の映画賞を授与され、一〇年以上を経た現在に至るも長く見続けられる映画になっている。

『美しい夏キリシマ』は、黒木監督が来訪された当初、棘の運命を辿るかもしれない、と危惧した。黒木監督と仙頭プ

＊原田芳雄（はらだ・よしお）
俳優（一九四〇年―二〇一一年）。俳優座在籍中の一九六八年に、『復讐の歌が聞える』でデビュー。七〇年代以降の日本映画を代表する俳優の一人。『竜馬暗殺』（七四年）、『祭りの準備』（七五年）、『原子力戦争』（七八年）、『スリ』（二〇〇〇年）、『父と暮せば』（〇四年）など、数多くの黒木監督作品に出演。

ロデューサーにとっては棘の道だったのかもしれないが、結果として、製作、配給、興行の関係者がお互いを信頼し一体となることができ、上映に向けて努力したことが、成功につながった大きな要因だと思う。もちろんもう一つ忘れてはならないのは、作品そのものが第一級だったことだ。

日本初だった視覚障がい者対象の副音声上映

『美しい夏キリシマ』公開から一年前に遡るが、二〇〇二年一二月、日比谷のシャンテ・シネで公開中だった韓国映画『ラスト・プレゼント』*で、視覚障がい者対象の副音声上映を実現させることができた。興行中の映画での実施としては日本初だったそうだ。

きっかけは一九九八年に配給したドイツ映画『ビヨンド・サイレンス』の配給の際、聴覚障がいのある人たちと知り合ったことだ。外国映画は字幕があるから見る、と聞き、では、視覚障がいのある人たちは、映画を見るのだろうか。もし見る場合、どのようにして見るのだろうか、との素朴な疑問が湧いた。当事者の人たちに聞くと、画面を説明するガイドをイヤホンやヘッドホンで聴きながら鑑賞するのだそうで、ガイ

『ラスト・プレゼント』

＊『ラスト・プレゼント』（英題：Last Present）
韓国映画・二〇〇一年製作＝〇二年一二月七日日本公開。監督：オ・ギファン、出演：イ・ヨンエ、イ・ジョンジェ。売れないコメディアンと余命幾ばくもない妻の切ないラブ・ストーリー。

ドには色も入れてほしい、とのことだった。『ラスト・プレゼント』を一緒に買い付けた他の二社（プランニングOMとスキップ）や、劇場も大賛成だったが、初めてのことなので、一二月二九日（日曜日だった）の一一時と夜の六時半の回の二回だけ実施した、と手帳にメモが残っている。装置は割と大掛かりだった。詳細の記憶がおぼろげなのだが、提供三社のスタッフも劇場で立ち合った。劇場窓口の担当者が慣れていなくて、当事者と付き添いの人たちの料金が混乱したような報告を、武田和支配人から受けた記憶も残っている。手帳を確認すると経費もメモしてあった。七桁に近いドキドキするような大きな数字である。慣例に従い、全額、配給側が負担した。今は副音声上映ももっと簡便になり、かつ、珍しいことではなくなっている。副音声上映の活動をしている松田高加子さんがその後、パンドラに入社してきた。彼女は、現在は副音声を業務とする会社で活躍している。嬉しいことだ。

四　生まれ故郷の変遷

温泉まんじゅう大使

二〇〇四年は、郷里の大川清仁伊豆長岡町長からの奇想天外な電話で幕が開けた。〈温泉まんじゅう大使〉を始めたいから、その初代大使の一人になってほしい、との

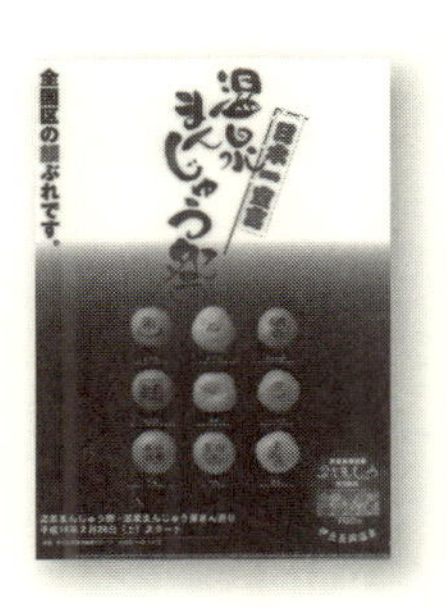

依頼である。就任式典を町の観光会館（公民館の名称で、現在の名称は長岡総合会館）で開催するから、出席してくれないか、とも言っている。〈温泉まんじゅう大使〉とは随分、奇抜なアイディアだと感心した。

大川町長によると、温泉まんじゅうを蒸かして売っている商店は町内に九軒あり、それぞれ異なる商店の温泉まんじゅうを一つずつ、合計九つを一つの箱に詰め、販売するのは町内に限る、との企画を考えている、と言う。郷里の発展に役立つのなら、と、引き受けることにし、任命式にも出席した。他の〈初代大使〉は、同じく地元出身の日本舞踊の名取の方と、もう一人（申し訳ないことに思い出さないが、確か若い女性だったような記憶が残っている）の三名だったのではないか、と思う。任命式には、当時の富士宮市長が、富士宮やきそば*の幟（のぼり）を持参して登壇した。全国紙にも紹介されたとのことだった。

地元である北伊豆では何といっても修善寺（しゅぜんじ）*温泉が名湯として全国的に知られている。一〇〇〇年以上の歴史があり、山の名称は〈嵐山〉、流れる川は〈桂川〉、橋は〈渡月橋〉と名付けられ、まさに小京都である。志賀直哉や夏目漱石、井伏鱒二、芥川龍之介に始まる明治の文豪は、修善寺や天城に遊び、時には長逗留して創作活動をし、川端康成は名作『伊豆の踊子』を書いている。

一方、郷里である伊豆長岡温泉は、町内の古奈温泉は修善寺と並ぶ歴史ある名湯であるが、伊豆長岡温泉は遥かに後発で、団体旅行の宿として利用されることが多かっ

＊富士宮焼きそば
静岡県富士宮市の地域おこしの一環として命名され、麺や具に独特の工夫を凝らし、B級グルメの人気を決めるB－1グランプリにおいて第一位に選ばれたこともある。

＊修善寺
静岡県伊豆市にある伊豆半島で最も歴史ある温泉。平安時代に弘法大師が開いた修禅寺があり、弘法大師が杖で湧かせたとの伝説のある〈独鈷（とっこ）の湯（ゆ）〉が桂川の中にある。

た。湯気の立つ側溝*の走る温泉街をランドセルを背負った小学生がとろとろと歩く傍らを、観光客が浴衣に下駄でそぞろ歩きしていた。昭和三〇年代当時は、いつも観光客がこのようにして歩いていたのだが、いつの間にか、お土産屋や射的屋が閉まり、閑散としてしまった。戦後の復興期を経て昭和三〇年代から四〇年代にかけての期間に、東伊豆の海岸線を走る伊豆急行が開通したことで、東伊豆が一躍、観光地あるいは別荘地として知られるようになる。一方で、修善寺や伊豆長岡のある北伊豆は、私鉄の伊豆箱根鉄道駿豆（すんず）線が、地形のためだろう、終点の修善寺以南に伸ばされることがなく、また、道路が整備されたことで、修善寺を起点としていた天城や中伊豆、更に山越えの戸田（へだ）や土肥（とい）、宇久須（うぐす）や松崎（まつざき）、といった西海岸には、三島や東京から車で直接行けるようになった。そのような交通網の発達により、修善寺や伊豆長岡を始めとする北伊豆を訪れる人々は減っていき、また、訪れる場合も宿泊せず、日帰りするケースが増えたことも観光客の減少に拍車をかけていた。

大川清仁町長の努力に何とか報いたいと、「郷里に行く」という親戚には温泉まんじゅう券を渡し、自分でも帰郷の機会をつくっては、温泉まんじゅうを買い、東京で配った。なかには、おまんじゅうを渡すと、新聞記事で〈温泉まんじゅう大使〉のことを知っていて、「面白い試みだと思っていた」と励ましてくれる人もいた。

だが、すでに両親が亡くなっていたこともあり、郷里に帰る機会は減り、また二〇〇五年、〈平成の大合併〉で両隣の大仁（おおひと）町と韮山*町との三町合併により伊豆の国

＊側溝（そっこう）
道路や鉄道などに沿って造られた排水路。

＊韮山
伊豆半島北部にあり、現在は伊豆の国市の一部。北条政子の出生地とされ、源頼朝が流された蛭が小島や、戦国大名の北条早雲が拠点としていた韮山城跡などがある。

市となり、首長もその後、代わり、温泉まんじゅう大使も今はいない。寂しいが、数年後にもたらされた超ド級のニュースにより、郷里はまた別の貌をつくり始めることとなった。

世界文化遺産登録

韮山の反射炉*が二〇一五年に、〈明治日本の産業革命遺産 製鉄・製鋼、造船、石炭産業〉の一つとして世界文化遺産に登録されたのである。反射炉は、江戸時代の伊豆代官だった江川太郎左衛門坦庵公*が建立し、日本で唯一残っている稼働した反射炉である。

私たち姉弟の通った韮山高校は、反射炉をつくった江川公創設の藩校である江川塾に端を発している。反射炉に初めて行ったのは小学校の遠足だった。高校生になってからは、時々、山沿いの農道を反射炉まで歩いたものだ。当時は訪れる観光客もなく、坦庵公は〈パン祖*〉でもあったので、その解説がひっそりと建つ周囲で、お茶農家がのんびりと茶畑の面倒をみていたものだった。パンは乾パンのように歯が立たないほど硬かった。

韮山町は、前述したように〈平成の大合併〉により伊豆の国市になっていた。世界文化遺産登録、とはビッグニュースである。しかも、最寄り駅は韮山駅ではなく伊豆長岡駅なのである。訪れる人が増え新たな町になってゆくのだろう——と期待したが、

＊反射炉（はんしゃろ）
金属溶解炉の一種で大砲などを鋳造した。

＊江川太郎左衛門坦庵（えがわたろうざえもんたんあん）
坦庵は「たんなん」とも。江川英龍（えがわ・ひでたつ／一八〇一年—五五年）のこと。代々、太郎左衛門を名のり、坦庵は号であるが、地元では英龍ではなく坦庵公と呼びならわしている。江戸時代末期の一八三五年から伊豆韮山の代官を務め、反射炉をつくり、国防の重要性を説いた。

＊パン祖
一八四二年に日本で初めてパンを焼いたことからこのように言われている

登録後に帰省すると目に入ってきたのは、それ以前とあまり変わらない駅頭ではないか。B全ほどのポスターが三島駅や伊豆長岡駅にはそれぞれ一枚貼られているのだが、さほど目立たず、しかも駅頭には「反射炉はこちら」などの目に付くような案内板や地図も見当たらない。田んぼの中を走る二両か三両編成の電車から反射炉が見えるのに、伊豆箱根鉄道線車内でのアナウンスが車掌により異なり、反射炉が全くアナウンスされないことも多い。帰省のたびに、たいてい駅頭で困っている人がいる。するとついお節介魂が出て、道案内をしてしまうのだ。ああ、やっぱり伊豆だ。一言でいうと〈欲がない〉。がっかりもするが、いいなあ、とも思う。

それから四年後の現在、ようやく駅の柱をはじめ、〈世界文化遺産・韮山反射炉〉のポスターもかなり目立つようになっている。

五　ソクーロフ漬けの日々

外国映画配給の仕事に話を戻すと、『エルミタージュ幻想』の後も、アレクサンドル・ソクーロフ監督の作品をコンスタントに配給した。

二〇〇一年製作の『牡牛座　レーニンの肖像』*、〇七年製作の『チェチェンへ　アレクサンドラの旅』、そして一九八三年に製作されていた『痛ましき無関心』*と、三本の作品を、二〇〇八年に配給した。『牡牛座』と『チェチェンへ　アレクサンドラの旅』

＊『牡牛座　レーニンの肖像』(英題：Taurus)
ロシア・日本合作映画・二〇〇一年製作＝〇八年二月二日日本公開。監督：アレクサンドル・ソクーロフ、出演：レオニード・モズゴボイ、マリーヤ・クズネツォーバ。ソクーロフ作品として製作自体は『エルミタージュ幻想』(〇二年)より早いが、公開はこちらの方が後になった。

＊『痛ましき無関心』(英題：Mournfu Unconcernl)
ソ連映画・一九八三年製作＝二〇〇八年一月一九日日本公開。監督：アレクサンドル・ソクーロフ、出演：ラマーズ・チヒクワーゼ、アラ・オシペンコ。

は共に傑作だと思う。『牡牛座』は共産党政権下のロシアに育ったソクーロフでなければ作れない作品であり、『チェチェンへ　アレクサンドラの旅』からは、ソクーロフの成熟した表現が見えてきた。いずれも世界的に高い評価を受け、数々の映画賞を授与されている。この二本でソクーロフは世界映画史にゆるぎない地位を築いたと思う。

『牡牛座　レーニンの肖像』の邦題には思い出がある。当初の邦題は『牡牛座』だけだった。これは英題"Taurus"の直訳で、パンドラで配給を担う前に、この作品に関わっていた日本の会社が付けていた題名だったので、疑問を抱かずにそのままで印刷物を進めていた。ところが宣材を印刷所に入稿する日の朝、会社に向かっている時、『牡牛座』だけだと、星占いの映画と解釈されないか、と突然気づいた。当時、印刷物や書籍の編集をお願いしていた稲川方人さんに急いで連絡を取り、その懸念を伝えると、「確かに」という返事。時間がなかったので、〈レーニン〉をつけると観客に内容が伝わりやすいとなり、二人で話し合っている中で更に〈肖像〉を加えることにしたのである。かくして『牡牛座　レーニンの肖像』となったのだが、まったく冷や汗ものであった。

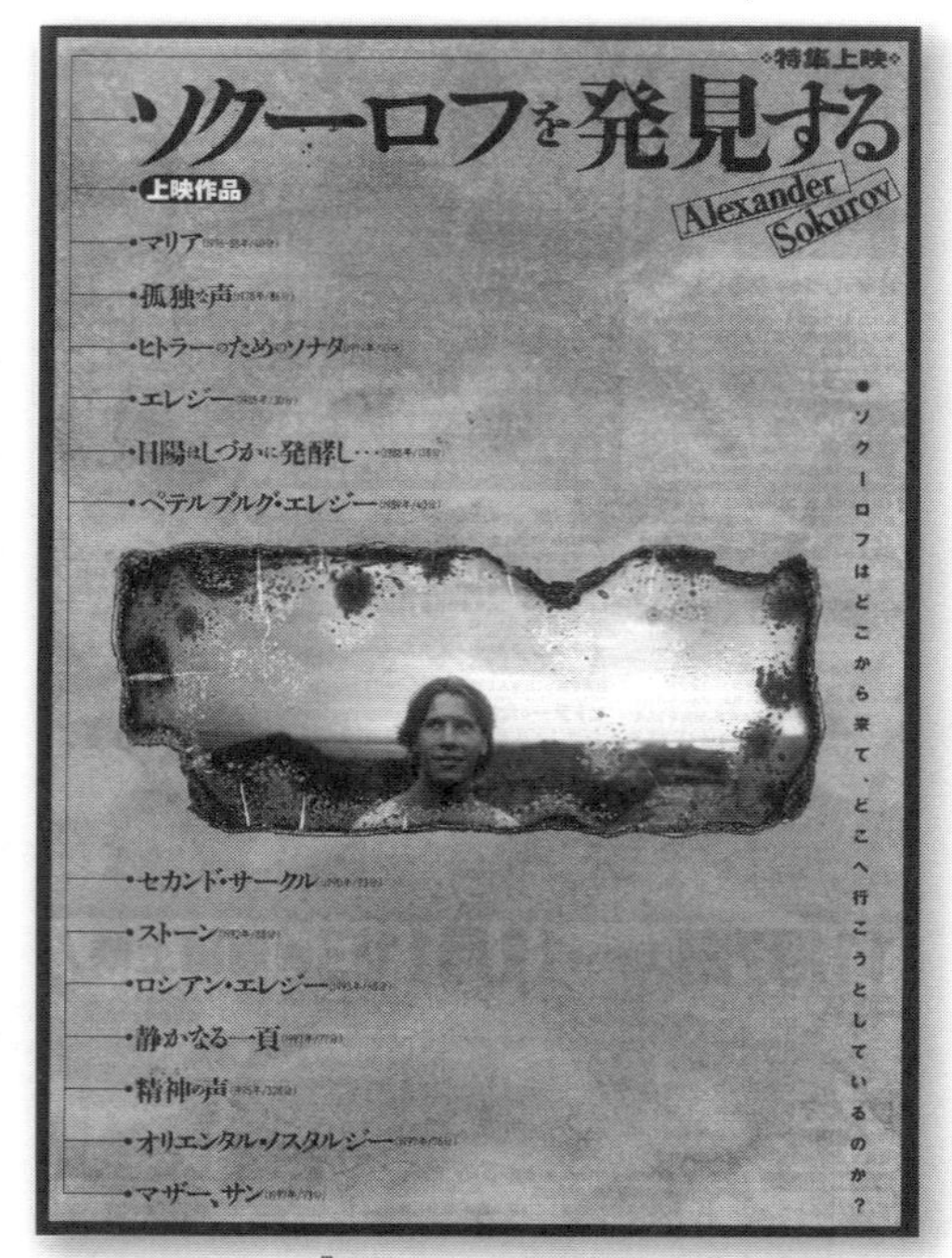

『ソクーロフを発見する』特集上映のチラシ

＊ロストロポーヴィチ　ムスティスラフ・ロストロポーヴィチ（Mstislav Leopol'dovich Rostropovich）。アゼルバイジャン出身のチェリスト（一九二七年—二〇〇七年）。

＊ガリーナ・ヴィシネフスカヤ（Galina Vishnevskaya）　ロシア人ソプラノ歌手（一九二六年—二〇一二年）。

『チェチェンへ　アレクサンドラの旅』は第二次チェチェン紛争の記憶がまだ新しい時だったので、英題"Alexandra"に迷うことなく〈チェチェンへ〉を付けたのだった。アレクサンドラを演じたロストロポーヴィチ夫人でもあるオペラ歌手ガリーナ・ヴィシネフスカヤは堂々たる演技で、本作で八〇歳を過ぎて初めて演じたとは思えないほどの存在感である。

バーナード・ショー原作の『痛ましき無関心』は、ソクーロフらしい何が何だかわからない部分の多い作品だった。

以上三作品に続いて、ソクーロフ作品の配給はその後も続き、二〇〇九年には、フロベール原作による『ボヴァリー夫人』も配給した。

『ボヴァリー夫人』

実は『ボヴァリー夫人』は、とんでもない事情で配給することになったのである。その何年か前、ロシアでソクーロフに会った時、「あなたの『ボヴァリー夫人』がもう少し短ければ」と、何気なく呟いたことがあった。すると、ある日突然、本編の上映素材がソクーロフから届いたのである。それもオリジナルの上映時間は一六七分だったのだが、受け取ったのは四十分近く短縮された一二八分のものであった。ソクーロフ自身が再編集して短くしたものらしい。もちろん、契約は後追いである。

すぐに見たのだが、かなり戸惑ったことは事実だ。原作を読んでいなかったことも

＊バーナード・ショー（Bernard Shaw）
アイルランドの文学者・教育家・政治家（一八五六年—一九五〇年）。イギリス近代演劇の確立者として数多くの戯曲を手がけ、一九二五年にノーベル文学賞を受賞。主な作品に『ピグマリオン』（一三年）、『聖女ジョウン』（二三年）など。

＊『ボヴァリー夫人』（原題：Spasi i sokhrani）
ロシア映画・二〇〇九年製作＝〇九年一〇月三日日本公開。監督：アレクサンドル・ソクーロフ、出演：セシル・ゼルブダキ、R・バーブ。旧ソ連時代の八九年に製作していた『ボヴァリー夫人』を、ソクーロフ自身がディレクターズ・カット版として再編集した。

＊原作
一八五七年に発表されたフランスの作家ギュスターヴ・フローベールによる小説『ボヴァリー夫人』のこと。

あるのだが、医師の美しい妻が奔放に不倫する、と勝手に思い込んでいたからである。恐らく世間に流布している『ボヴァリー夫人』のイメージは、私とさほど変わらないと思う。主人公の女優セシル・ゼルヴダキの演技はみごとだったが、容貌は、ヨーロッパと聞いた時にイメージする優雅な雰囲気を想起させるのが困難だった。そこで、原作を読んだところ、見事なほど、原作に忠実に映画化されていることを発見した。

*シアター・イメージフォーラムの山下支配人が『ボヴァリー夫人』のロードショー公開を受け入れてくれ、確か三週間の予定で開始したところ、公開初日は予想を上回る観客動員数だった。ところが、劇場入り口付近で、見終わって出てくるお客さんの様子を見ていたスタッフだった松田高加子さんが、「『だから、早く出ようって言ったじゃないの』なんてケンカしていますよ」と、知らせて寄越す。だが、山下さんは初日の結果を見て、「もっと延ばしましょう」と言う。「イヤ、ダメ、絶対に動員が落ちるから」と、配給会社にあるまじき主張をして説得にかかったのである。劇場と配給会社との間に交わされる主張が逆であった。押したり引いたりのやり取りをしている間に、日を追うに従い、観客動員数が落ちること、落ちること。すさまじい勢いで減っていった。

　ところで、ソクーロフの女優さんの選び方というか、演技の付け方やメイクアップは独特なものだと思う。『ボヴァリー夫人』でボヴァリーを演じたセシル・ゼルヴダ

＊シアター・イメージフォーラム
映画館、出版社、映像作家の養成、映像関連の講演などを行っているイメージフォーラムが運営する、東京・渋谷にある映画館。二〇〇〇年にオープン。

＊『マザー、サン』（原題：Mutter und Sohn）
ドイツ・ロシア合作映画・一九九七年製作＝九七年九月六日日本公開。監督：アレクサンドル・ソクーロフ、出演：ガドラン・ゲイヤー、アレクセイ・アナニシノフ。

＊原一男（はら・かずお）
映画監督（一九四五年―）。一九七二年に自身のプロダクション「疾走プロダクション」を結成、『さようならCP』（七二年）で監督デビュー。『極私的エロス・恋歌1974』（七四年）、『ゆきゆきて、神軍』（八七年）、『全身小説家』（九四年）、『ニッポン国VS泉南石綿村』（二〇一七年）など、ドキュメンタリー作品をメインに、さまざまなテーマを世に問い続ける。

キもそうだが、『マザー、サン』*の母親役のガドラン・ゲイヤーもコワイ容貌だ。だが、ガドラン・ゲイヤーその人を何かの折にチラッと見たことがあるのだが、映画での容貌とは全く異なり、やわらかい印象を受けた記憶が残っている。『ボヴァリー夫人』のゼルヴダキもきっとそうだろうと思う。撮影の際に、ソクーロフがメイクアップ担当者に、「コワク！」と指示しているのに違いない。どのようにして女優のイメージが創られるのか、ソクーロフのノーミソの中を覗いてみたくなる。

六　さまざまな出会い

日本映画の配給が続く

二〇〇四年から二〇〇五年にかけては、原一男*監督の『またの日の知華』*の宣伝受託、『娘道成寺　蛇炎の恋』*、『みやび　三島由紀夫』、『旅の贈りもの　0：00発』の配給受託と日本映画との縁が続いた。

『娘道成寺　蛇炎の恋』は、髙山由紀子*監督が歌舞伎役者の中村福助さんを起用し高野山で実際に撮影、との素晴らしい機会を得るのに成功した作品で、公開は二〇〇四年八月二八日に東劇だったのだが、公開前の同年三月にフランスのドーヴィル・アジア映画祭と六月には上海国際映画祭で上映されている。上海には監督、プロデューサー、助演の須賀貴匡さんと共に、スタッフの箕輪小百合と私も同行したところ、日

＊『またの日の知華』
日本映画・二〇〇四年製作＝〇五年一月一五日公開。監督：原一男、出演：吉本多香美、渡辺真起子。激動の七〇年代を背景に、ヒロイン・知華と四人の男たちとの愛を描く。原監督初めての劇映画作品。

＊『娘道成寺　蛇炎の恋』
日本映画・二〇〇四年八月二八日公開。監督・脚本：髙山由紀子、出演：中村福助、牧瀬里穂。歌舞伎の人気大曲『京鹿子娘道成寺』をモチーフに、歌舞伎の女形とその女弟子の禁断の愛を描く。

＊髙山由紀子（たかやま・ゆきこ）
脚本家・映画監督（一九四五年―）。七五年、『メカゴジラの逆襲』で脚本家デビュー。村野鐵太郎監督の『月山』（七九年）『遠野物語』（八二年）や、刑事ドラマやミステリー、時代劇などのテレビドラマの脚本を手がける。九六年に『風のかたみ』で監督としてもデビュー。

本からは他にも数本出品されていた。会場を埋めた満席の観客の反応も上々で、終了後は「最高の小籠包を！」との監督の気風のいい一声で、皆で夜の上海に繰り出す。どのテーブルもほぼ一杯だったそのレストランには、偶然、こちらの一行と顔見知りの日本人の映画関係者がいて、「こちらに」と誘ってくれた。同郷人に会えた嬉しさで、その隣のテーブルへ。私たちが食事を堪能していたところ、いつの間にか隣チームは消えていた。だがなんと、レストランから渡された伝票には、隣のテーブルへと私たちを誘ってくれた日本人の食事代も含まれていたのである。

『みやび 三島由紀夫』*の監督は映画評論家の田中千世子さん*。書き手としてしっかり仕事をしながら、緻密な調査を必要とする脚本を執筆し、更に数か月の集中力をい求められる監督業に挑んだことには驚き以上に敬意を抱いた。配給についても自作に対して客観的姿勢で対応していただき、かつ協力的だったので、無事、二〇〇五年一〇月一日にユーロスペースで封切ることができた。その後も監督業を続け、二〇一八年現在では監督作は一〇を越えている。羨ましく思う。

『またの日の知華』チラシ

＊『みやび三島由紀夫』
日本映画・二〇〇五年一〇月一日公開。監督：田中千世子。第一線で活躍する国内外のアーティストたちによるそれぞれの三島由紀夫論を通して、新たな三島像を描き出すドキュメンタリー。

『旅の贈りもの　0：00発』

二〇〇六年一〇月七日に、受託配給した大阪駅深夜発の列車に乗り合わせた人々の人生模様を描いた映画『旅の贈りもの　0：00発』*を、銀座テアトル西友で公開している。プロデューサーの竹山昌利*さんは、脚本を手に「鉄道ファンの間では名車中の名車と云われている〈EF58〉や、戦前は皇族や貴族しか乗ることのできなかった〈マイテ49〉、山口線で運行されていた〈スハフ12〉*を連結した三輌編成の列車を、撮影の為に走らせることに成功。撮影時には公表してないのに、〈撮り鉄〉と呼ばれる人たちが、沿線を埋め尽くしていた」などに加えて、販促商品やイベントについて、溢れるようなアイディアを語って私を説得にかかる。その語り口には特徴があった。淡々としていて句読点がないかのように淀みなく続き、押しつけがましさを感じさせないのでいつの間にか聞いてしまう。というわけで実は、パンドラ配給作品とは異なるタイプだったので、迷っていたのだが、いつの間にか配給を引き受けることになってしまっていたのである。

公開中で記憶に残っているのは、ある鉄道ファ

『旅の贈りもの　0：00発』チラシ

***田中千世子（たなか・ちせこ）**
映画評論家・映画監督。高等学校の国語教諭をしながらフリーの映画評論家に。二〇〇一年、最初の映画『藤田六郎兵衛　笛の世界』を監督。主な監督作品に『能楽師』（〇二年）、熊野三部作となる『熊野から』（一四年）、『熊野から　ロマネスク』（一七年）、『熊野から　イントゥ・ザ・新宮』（一七年）などがある。

ンだろう若い男性のことである。年齢は二〇歳代半ばぐらいだろうか。映画が終了すると、立ち上がってスタンディング・オベーションだ。すると他の観客もつられて拍手する。その後は、さっとエレベーターに乗り、階数表示のボタンの前に立ち、「ご乗車のお客様に〜」と車掌さんに早がわりする。彼は映画の公開期間中、何度も通ってきては、スタンディング・オベーションと車掌さん役を務めてくれていたようだった。

この年、二〇〇六年に出版をやめることにした。書籍は四九冊発行したことになる。

ドキュメンタリー映画二本を製作配給する

二〇〇七年七月、ドキュメンタリー映画『プライドinブルー』*をテアトル新宿で公開している。この作品は、その前年の二〇〇六年夏、ドイツで開催された知的障がい者による、通称〈もうひとつのワールドカップ〉、INASFIDサッカー世界選手権大会に出場した日本人選手と大会を追ったドキュメンタリーだ。製作の途中から共同プロデューサーとして参加しているのだが、当初からのプロデューサーである松井建始さん（故人）や、中村和彦監督*とは、しょっちゅう喧嘩をしていた。松井さんとの喧嘩はさほどではなく、最後にはお互いに理解し合えたと思っている。監督との口喧嘩は、本当にしょっちゅうだったのだが、喧嘩の原因は記憶から消えている。

それほど喧嘩を繰り返したというのに、懲りずに中村監督とは、その後二〇一〇年

＊『旅の贈りもの 0：00発』
日本映画・二〇〇六年一〇月七日公開。監督：原田昌樹、出演：櫻井淳子、多岐川華子、徳永英明。

＊竹山昌利（たけやま・まさとし）
映画プロデューサー。一九七三年に三船プロダクションに入社。七八年よりフリーの製作者として、テレビドラマ『太陽にほえろ!』『Gメン'75』シリーズなどを担当。主な製作作品に『友情 Friendship』(九八年)、『Nile ／ナイル』(九九年)、『週刊バビロン』(二〇〇〇年)、『T.R.Y.／トライ』(〇三年)、『銀色の雨』(〇九年)、『旅の贈りもの明日へ』(一二年)、『バケツと僕!』(一七年) など。

＊スハフ12
二〇一七年八月に退役した。

＊『プライドinブルー』
日本映画・二〇〇七年七月一四日公開。監督：中村和彦（ドキュメンタリー）。

九月一八日（土）にポレポレ東中野で公開した『アイ・コンタクト　もう1つのなでしこジャパン　ろう者女子サッカー』*でも一緒に製作をした。そしてやはりしょっちゅう喧嘩をしていた。中村監督は頭脳明晰で誠実、まじめ一方の、信頼できる人物なのだが、九州男児でちょっと頑固な面があったのと、何よりも私が短気だったことが大きい。だが、喧嘩とは別に製作も配給も楽しかったし、作品は無事出来上がった。

『プライド in ブルー』

内容は、二〇〇九年に台北で開催された第二一回夏季デフリンピック*に初出場した、ろう者女子サッカー日本代表チームの試合、練習風景などを中心に、日常生活や、ろう教育の変遷を取り上げたドキュメンタリーである。選手の女性たちは、手話で目まぐるしく会話し、闊達で元気溌剌、一緒にいるとこちらまで気持ちが軽くなる。

そういえば戦時中、伊豆の家に当時の東京のろう学校が疎開していたことで、母は簡単な手話ができた。時折、見せて

＊中村和彦（なかむら・かずひこ）
映画監督（一九六〇年―）。二〇〇一年、『棒―Bastoni―』で映画監督デビュー。サッカー日本代表のドキュメンタリーDVDなどに携わりつつ、知的障がい者サッカーのワールドカップを描いた『プライド in ブルー』（〇七年）、ろう者サッカー女子日本代表を描いた『アイ・コンタクト　もう一つのなでしこジャパン　ろう者女子サッカー』（一〇年）などを監督。

＊『アイ・コンタクト　もう一つのなでしこジャパン　ろう者女子サッカー』
日本映画・二〇一〇年九月一八日公開。監督：中村和彦（ドキュメンタリー）。

＊デフリンピック（Deaflympics）
四年に一度、世界規模で行われる聴覚障がい者のための総合スポーツ競技大会

くれていただけではなく、後年、教師だった方の東京の家を母と一緒に訪ねたこともある。また、子どものころ〈おマチさん〉という、ろうの女性が住み込みで働いていた。炊き上がったご飯の上を覆う白米のノリを真っ先に自分が食べる。ある時、祖父が「おマチや、そのうみゃあとこをオラにくりょう（その美味しいところをオレにくれよ）」と頼んだのだが、「ヤダ」と首を振られたそうだ。祖父がおマチさんの実家を探し当てたので、「帰ろう」と言ったところ、「ヤダ、ここにいる」と答えたので、ずっと我が家で暮らしていた。また『ビヨンド・サイレンス』*を配給していたことなどで、手話を身近に感じていた。『アイ・コンタクト〜』は、宮重が中心になり、東京都内二三区のすべての区役所の福祉課を回り、上映会を働きかけたり、中学校校長会の事務局へ行き、都内の公立中学校の校長先生たちに上映会を呼びかけたりなど、時間をかけたのだが、実際にはさほど上映会が実現しなかった。残念でならない。

『ご縁玉　パリから大分へ』

二〇〇八年のある朝、出社すると箕輪が「この記事の映画の配給、どうでしょうか?」と、『朝日新聞』の朝刊を差し出して言う。箕輪は映画大好きなうえに好奇心旺盛にして交渉上手。映画配給の仕事にうってつけの人物である。記事は、乳ガンを患う大分県の養護教師だった山田泉さんと、ベトナム孤児としてフランス人の養父母に育てられ、成人してチェリストとして活躍するエリック・マリア・クチュリエとの

＊『ビヨンド・サイレンス』
一〇四頁の注参照。

＊江口方康（えぐち・まさやす）
ドキュメンタリー映画監督（一九六四年—）。イギリス、フランスなどで映画を学び、カンヌ国際映画祭で出会った三池崇史監督の助監督を務める。〇八年、『ご縁玉　パリから大分へ』で監督デビュー。

交流をフランス在住の日本人、江口方康監督がドキュメンタリーとして完成させた作品であった。『ご縁玉　パリから大分へ』という題名は、乳ガンを宣告された後、山田さんがフランスを旅行した際に知り合ったエリックと別れ際に、「ご縁がありますように」と五円玉を渡したところ、その三か月後に、実際にエリックが五円玉を握りしめて大分の山田家を訪れた実話に由来している。箕輪の希望を取り入れて交渉した結果、その映画を日本で配給することを決め、大分の現地の映画館や江口監督の郷里である佐賀県などで上映した。公開準備中、大分に山田さんを訪ねたところ、乳ガンとは思えない元気さだったが、しばらく後にホスピスに入院したために、大分での完成試写を見ることはできなかった。死を宣告されても落ち着いていた山田さんの精神力には驚くばかりだ。

この作品配給から一〇年ぐらい後になるだろうか、すっかり成長した息子さんの一貴さんから、フェイスブックでご連絡をいただいている。これもご縁だと思う。

七　観客育成への願い

『こつなぎ　山を巡る百年物語』

二〇〇八年だったと思うのだが、菊地文代さんという女性と知り合った。都内に住まいのある菊地さんは、亡くなった夫の菊地周さんがカメラマンとして手広く仕事を

＊『ご縁玉　パリから大分へ』
日本映画・二〇〇八年一二月二〇日公開。監督・撮影：江口方康（ドキュメンタリー）。

＊菊地文代（きくち・ふみよ）
映画プロデューサー（一九三〇年―二〇一八年）。『こつなぎ　山を巡る百年物語』以外に、『根の国　有機農業とは』（一九八一年）、『みんな生きなければならない　ヒト・ムシ・トリ：《農事民族館》』（八四年）、など。

＊菊地周（きくち・しゅう）
映画カメラマン、プロデューサー（一九二三年―二〇〇二年）。『こつなぎ　山を巡る百年物語』以外に、『世界は恐怖する―死の灰の正体―』（一九五七年）など多くの亀井文夫監督作の撮影を担当。

していた時代に、伊豆半島最南端の下田より少し北の今井浜に畑と土地を購入していた。彼女から今井浜に行く、という連絡をもらったので、気軽な気持ちで訪ねた。山荘は海岸から急峻な山道を登ったところにあり、周囲に他の民家はなかった。時々、イノシシが出るという山荘の敷地内には、畑と、もう一軒、他県から移築したという天井の高い広々とした古民家があった。入会村創設の意思で一九八〇年代終わりにこの地に暮らし始め、環境問題の催しなどを手がけていた、と、後に知った。その山荘で菊地さんは問わず語りに、一九六〇年代に夫が撮影を開始した映画があると、話し始めたのである。

それは菊地周さんと、その仲間たちが製作を開始し、彼女がプロデューサーを担ったという一本のドキュメンタリー映画のことであった。菊地周さんが、一九六〇年から十数年に渡り、写真家の川島浩*さん、ドキュメンタリー作家の篠崎五六*さんと共に通ったのは、岩手県二戸郡一戸町小繋（こつなぎ）地域だった。小繋地域は、入会権*をめぐり争われた、日本の裁判史上に残る〈小繋事件*〉の舞台となった地として、広く知られている。三人は小繋事件の経過と、現地の人々の暮らしを記録するために小繋に通ったのであった。その結果、スチール写真約五〇〇〇枚、録音テープ二三時間分、ムービーは三十五ミリフィルム一万コマと一六ミリフィルム八〇〇〇フィート（約四時間分）に及ぶ、膨大で貴重な記録が残された。それを後年、二〇〇三年から七年の歳月をかけ、一九五五年生まれの中村一夫*監督が、現地にも通いながら、一本の作品に完成さ

＊川島浩（かわしま・ひろし）
写真家（一九二五年―二〇〇三年）。五二年、メーデー事件の写真によりコムソモルスカヤプラウダ国際写真コンクール第一位。写真集に『未来誕生―島小の教師と子どもの記録 写真集』（六〇年／麦書房）など。

＊篠崎五六（しのざき・ごろく）
編集者、日本語研究者、ノンフィクション作家（一九二二年―二〇〇三年）。著書に『小繋事件の農民たち―渦中を生きた人々の物語』（六六年／勁草書房）など。

＊入会権（いりあいけん）
当該地域の住民が、その地域の山林の伐採や、漁場の魚や貝を採ることを共同で行う慣習による権利のこと。

＊小繋事件（こつなぎじけん）
一九一七年、岩手県二戸郡一戸町にある小繋山の入会権について、地元農民により起こされた訴訟。

せたのである。題名はまだついていなかった。

その作品は、後に、『こつなぎ　山を巡る百年物語』*と名付けて、パンドラで配給することになった映画である。当初は舞台となった場所である『こつなぎ』をタイトルにしようと進めていたのだが、『こつなぎ』だけでは分かりにくい、と話し合っていた時、宣伝を手伝ってくれていた原田徹さんが「ならば」とこの副題を考えてくれた。一言でいうと〈すごい〉作品であり、現地の人々や、戒能通孝*弁護士や竹澤哲夫*弁護士たち支援する人々の、誇りに充ちた表情や語る言葉は印象深い。なかでも原告のひとり、山本清三郎さんの言葉は、この映画のエッセンスを表現し、普遍性があると思ったので、チラシやパンフレットで紹介した。

「土が自然にできているし　山でも川でも地球の一部分でしかないでしょ　これが誰のものというのは変なんですよ　我々は地球の子どもなんだから　人間を

『こつなぎ　山を巡る百年物語』

＊中村一夫（なかむら・かずお）
映画監督（一九五五年―）。教育映画、PR映画、記録映画を中心に映像制作に携わる。教育映画『ザ・かび』、『米作りの盛んな地域』『よみがえるアルミ缶』の他、教育番組やCMなど演出作多数。

＊『こつなぎ　山を巡る百年物語』
日本映画・二〇〇九年製作＝二〇一〇年五月二二日公開。監督：中村一夫。大正六年、岩手県北部にある小繋集落で、山から自然の恵みを得て暮らしてきた農民たちが山の入会権を求めて起こした裁判に端を発する「小繋事件」を題材にしたドキュメンタリー。

＊戒能通孝（かいのう・みちたか）
弁護士（一九〇八年―七五年）。『入会の研究』（一九四三年／日本評論社）で毎日出版文化賞受賞など著書多数。

＊竹澤哲夫（たけざわ・てつお）
弁護士（一九二七年―二〇一二年）。松川事件の弁護団の一人として、多摩川水害訴訟の弁護団長など人権関係の弁護で知られている。

どうする　生かすも殺すも　それを自由にできるのは　この自然しかないでしょ　地球があって 始めて我々が生きているわけだから」

岩手県の現地にも行ってみた。盛岡駅から山間を走る〈いわて銀河鉄道〉に乗り、五駅目に〈渋民〉の駅名が目に飛び込んでくる。一〇代のころ熱心に読んだ石川啄木の郷里として、記憶にしっかり刻まれていた地名であるが、事前に調べてなかったので、驚きの方が大きかった。思わず降りたくなったのを我慢して、人気のない無人駅のホームに置いてあった、啄木の等身大の顔はめパネルを、じっと見つめただけである。渋民から六駅目が〈小繋〉だった。小繋は長閑（のどか）な山村だったが、今は山に入る人がほとんどいない、と聞いていた通り、村内を歩いたのだが、人とすれ違うことはなかった。

中村一夫監督の緻密な編集作業には驚き以上に敬意を抱いた。三人の残した記録と、新聞を始め当時の資料をもとに丹念に事実を検証し、現地に足を運び、関係者にインタビューをし、と気の遠くなるような忍耐強い作業を経て、二時間にまとめたのである。ある時、監督に「時間を取っていただきたい」とお願いしたところ、会うなり「上映時間を短くしてほしいのではありませんか」と言うではないか。図星だった。すると、「ダメです」と言下に断られたのである。

チラシをデザインしてくれたのは日沼新介さん。岩手出身の日沼さんが、ある日〈行方不明〉になってしまった。すると、チラシのデザインに相応しい写真のために現地

＊原田昌樹（はらだ・まさき）
映画監督（一九五五年―二〇〇八年）。テレビや映画の助監督を経て、九二年にテレビ『裏刑事―URADEKA―』で監督デビュー。ウルトラマンシリーズの演出や、映画『ウルトラマンティガ外伝　古代に蘇る巨人完全版』（二〇〇四年）、『審理』（〇八年）などを監督。

に行き、「写真を撮ってきた」と現れたのである。それがチラシとポスターに使っている切り株の写真だ。日沼さんには、今に至るもさまざまなデザインでワガママを聞いていただいている。他にも、総合地球環境学研究所*の阿部健一先生や岩手県生協連の加藤善正会長理事、元朝日新聞記者の木原啓吉さん、農山漁村文化協会の甲斐良治さんなど、多くの方々に映画上映の実現に協力していただいた。映画は、二〇〇九年の山形国際ドキュメンタリー映画祭で特別招待作品に選ばれ、キネマ旬報ベスト・テンで文化映画部門の二位になり、二〇一〇年三月一三日に、御茶ノ水の全電通ホールでの上映会開催にこぎつけることができた。三回上映し、その合間にシンポジウムも開催したのだが、入りきれない人もいて、話題となり、その後、劇場公開することになった。埋もれていた作品を多くの人に見ていただく機会を得ることができたのは、何よりも嬉しいことであった。

そういえば上映会当日、受付にいるとホールのガラス扉の向こう側からひとりの女性がくぐもったような声で、「中野さん、中野さん、私、中野さんに三〇年くらい前にお会いしているんですよ」と聞こえてくる。声の主が顔を見せてくれたのだが、見覚えがない。「大学生の時に、友だちと一緒に『声なき叫び』の事務所を訪ねたんですよ」。確かに数人の慶大生が参宮橋の事務所に来たことは覚えていた。その時の学生が、と驚いたところ、彼女は小繋事件の弁護団の一人である竹澤哲夫弁護士のお嬢さんのえり子さんと知り、さらに驚いた。

＊総合地球環境学研究所
地球環境問題を、自然科学のみならず、人文科学や社会学なども含めて総合的に研究することを目的とした京都にある国立研究所。

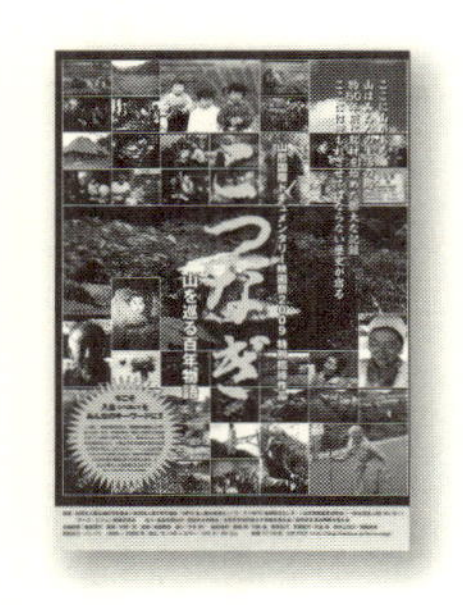

今年（二〇一八年）の一月一三日に、菊地文代さんが八七歳で亡くなったとの報を受け取った。心より、ご冥福をお祈り申し上げます。

『こつなぎ―山を巡る百年物語』の公開から五年後、二〇一五年五月だったと思うのだが、一本の作品と出会った。『鉱毒悲歌』*である。製作開始は一九八三年で完成は四〇年後の二〇一四年。渡良瀬川の有機水銀の有毒性を田中正造*が告発したことで広く知られる日本最初の公害事件〈足尾銅山鉱毒事件〉*。現地の様子や、閉山後も続く珪肺（けいはい）病患者の闘い、朝鮮人強制連行、北海道への移住と苦闘など、知られていない多くの事実も含め貴重な内容であった。中でも田中正造と行動を共にした島田宗三さんの証言が残されていたのは驚きであり、宇都宮出身の作家、立松和平*が当初の製作スタッフの一人と知った。資金不足で中断していたのを、二〇〇〇年代に入り完成にこぎつけた製作関係者の心意気には、頭が下がるばかりだ。ＤＶＤの発売元である宇都宮にある歩行社の小川修二さんに連絡を取り、製作に尽力した元国会議員の谷博之さんや、田中正造大学*の坂原辰男さんに登壇していただき、二〇一五年一二月一一日に日比谷図書文化館内の日比谷コンベンションホールで、上映会とトークを開催した。その時だったと思うのだが、現地では鉛害が今でも続いていると知った。

『鉱毒悲歌』や『こつなぎ　山を巡る百年物語』は、授業で正課として高校生に見せてほしい作品だと思う。

＊『鉱毒悲歌』
日本映画・二〇一四年再編集版製作＝一五年一二月一一日公開（ドキュメンタリー）。

＊田中正造（たなか・しょうぞう）
政治家（一八四一年―一九一三年）。日本最初の公害事件である、栃木県と群馬県を流れる渡良瀬川流域の足尾銅山による鉱毒被害を、明治天皇に直訴したことで広く知られている。

＊足尾銅山鉱毒事件（あしおどうざんこうどくじけん）
渡良瀬川流域の銅山開発により発生した排煙、有毒ガスなどが地域環境に及ぼしていた害は甚大で、それを田中正造が告発した、日本初の公害事件。

女性の新しい才能

二〇一一年のGW明けからしばらく後だったと記憶しているが、同業他社の男性スタッフが訪ねてきた。同年九月期限での解雇予告を会社から受けたが映画の仕事を続けたい、との相談である。親しい数社にあたったのだが、人員募集をしてなかった。一方、当時のパンドラには営業担当者がいないことに気付き、短期間だったが働いていただいた。彼は配給したい作品を自ら提案し、上映の成功を目指して最大限の努力をし、公開後は動員結果の分析を行うなど、緻密で誠実な仕事ぶりで、映画営業を一から教えてもらった思いだ。二〇一三年一月に公開した『ザ・フューチャー』*は彼の提案だった。同作の監督のミランダ・ジュライ*は類まれな才能の持ち主と思うので、今後も大きくのびることだろう。その頃、ミランダ・ジュライに続き、新しい女性の才能と出会う機会に恵まれた。トルコ系ドイツ人女性ヤセミン・サムデレリ*である。作品は、二〇一三年十一月にヒューマントラストシネマ有楽町で公開した『おじいちゃんの里帰り』*。この作品の原題は"Almanya –Willkommen in Deutschland"で、"Almanya"はトルコ語でドイツのこと。「ドイツへようこそ」という意味で、移民を受け入れているドイツを表現している題名だ。公開前に〈あいち国際女性映画祭〉で上映したので、八月末にヤセミン監督が来日した。ヤセミンさんは飄々とした人柄で、初めての日本を楽しんでいた。聞くと、自分の家族の実話に基づいた内容で、実妹と一緒に取り組んだ脚本は五〇回も書き直して完成させたそうだ。映画は脚本が〈いの

＊立松和平（たてまつ・わへい）
小説家（一九四七年―二〇一〇年）。一九七〇年、『自転車』で、早稲田文学新人賞、一九八〇年、『遠雷』（河出書房新社）で野間文芸新人賞、一九九三年、『卵洗い』（講談社）で坪田譲治文学賞、一九九七年、『毒－風聞・田中正造』（東京書籍）で毎日出版文化賞、二〇〇七年、『道元禅師』（東京書籍）で泉鏡花文学賞と翌年の親鸞賞受賞など。小説のみならず、エッセイなど著作多数。

＊田中正造大学（たなかしょうぞうだいがく）
事務局は栃木県佐野市にあり、田中正造に学ぶ講座を開いている。

＊『ザ・フューチャー』（原題：The Future）
ドイツ・アメリカ合作映画・二〇一一年製作＝一三年一月一九日日本公開。・監督：ミランダ・ジュライ、出演：ハミッシュ・リンクレイター。

ち〉と改めて実感したものである。

続々と女性の映画人が誕生しているのは嬉しい限りである。二〇一三年の山形国際ドキュメンタリー映画祭のコンペティション部門に、『ジプシー・バルセロナ』の題名で出品された作品を見た方から、「日本で配給したいから、ぜひ一緒に」と声をかけていただいた。伝説のフラメンコダンサー、カルメン・アマジャ*の生誕一〇〇周年を記念して製作され、フラメンコが遺産としてどのように継承されているかを辿った内容である。この監督も女性のエヴァ・ヴィラ*であり、声をかけていただいた方も女性、飯田光代さん。ご自身もフラメンコを踊るという飯田さんの熱意は半端ではなかった。この映画のためにピカフィルムをスタートさせ、フラメンコ仲間の人々を巻き込み、宣伝やチケットを売るために力を惜しまない。夫の栄紀さんがそれを受け止め共に歩んでいる。それも素晴らしい。目標に向かって一心に努力する姿勢に学ぶものは多かった。

この作品は題名を『ジプシー・フラメンコ』*として、ピカフィルムさんとパンドラとの二社による共同配給となった。飯田さんのフラメンコ仲間の女性たちの協力にも目覚ましいものがあり、趣味を通じての友人のいない私から見ると、羨ましいほどである。二〇一四年八月にユーロスペースで公開した『ジプシー・フラメンコ』の結果は上々であった。

＊ミランダ・ジュライ(Miranda July) パフォーマンスアーティスト・作家・映画監督(一九七四年—)。大学中退後パファーマンス・アートで成功し、ミュージシャン、作家、女優などさまざまなジャンルで活躍。映画分野でも、短編映画製作などを経て『君とボクの虹色の世界』(二〇〇五年)で監督デビュー。

＊ヤセミン・サムデレリ(Yasemin Samdereli) ドイツの映画監督(一九七三年—)。ミュンヘンの映画テレビ学校で学び、助監督や脚本家としてキャリアをスタートさせ、役者としても活動。短編映画やテレビ番組を手がけ、『おじいちゃんの里帰り』で長編監督デビューを果たす。

＊『おじいちゃんの里帰り』(英題：Almanya- Welcome to Germany) ドイツ映画・二〇一一年製作＝一三年一一月三〇日日本公開。監督ヤセミン・サムデレリ、出演：ベダット・エリンチン、ラファエル・コスーリス。慣れないドイツ暮らしに奮闘する自身の家族の実体験をベースに、コメディータッチで描いたロードムービー。

小川プロダクション全作品特集上映

二〇〇五年に開催した〈みうらじゅん的映画祭*〉以降、〈さしさわりのある映画特集〉など、特集上映も企画実施するようになった。デジタル化で製作も上映も簡便になり、映画が消耗されていくような危機感を抱いたから、様々な角度から映画を楽しみ、味わってほしい、そのような願いを込めて企画していたのである。

その一環として二〇一四年、小川紳介監督が亡くなって二二年目、小川プロ解散二〇年の節目に、〈小川プロダクション全作品特集上映〉をユーロスペースで企画実施した。チラシに旬なドキュメンタリー作家たちからのコメントが欲しい、と思い、池谷薫、想田和弘、そして是枝裕和の各監督にお願いしたところ、どなたも快諾。池谷さんと想田さんからはすぐに受け取れたのだが、是枝さんからだけが遅れていた。何度か電話で「ちょっと待ってください。必ず書きますから」言ってくるので、待っていたところ、いただいたコメントには小川さんへの敬意にとどまらず、土本さんへのそれも表れていた。

映画は時代の産物だ。なかでもドキュメンタリー映画の場合、その時代を如実に反映させるテーマで製作されることが多い。小川さんや土本さんが活動を始めた六〇年代、日本は敗戦から立ち直り、高度経済成長に至る激動の時代であった。三里塚闘争*であり、水俣病の顕在化である。二人はそれぞれをテーマに作品を発表した。映画は上映されると、完成までに起きた様々な出来事、苦しみや涙、笑いなどの全てをのみ

＊カルメン・アマジャ（Carmen Amaya）
スペインのフラメンコ・ダンサー（一九一三年—一九六三年）。カルメン・アマヤとも。

＊エヴァ・ヴィラ（Eva Vila）
映画監督・脚本家・プロデューサー（一九七五年—）。

＊『ジプシー・フラメンコ』（英題：Bajari, Gypsy Barcelona）
スペイン映画・二〇一三年製作＝一四年八月九日公開。監督：エヴァ・ヴィラ、出演：カリメ・アマジャ、メルセデス・アマジャ・ラ・ウィニー（ドキュメンタリー）。

＊みうらじゅん的映画祭
二〇〇五年五月にユーロスペースでレイトショー開催した特集上映。漫画家、イラストレーターのみうらじゅん（一九五八年—）が作品選定を行い、『大巨獣ガッパ』（六七年）などを上映した。

込み、観客の手に渡り、独り歩きしてゆく。時には感動を与え、共感を呼び、あるいは、怒りを呼び起こしながら、結果としてスクリーンに現れる〈ドラマ〉だけが語り継がれてゆく。それでいいのだと思う。是枝さんのコメントを読み、そんな感想を抱いたものである。

『陸軍前橋飛行場　私たちの村も戦場だった』*

二〇一七年の六月に、旧知の飯塚俊男*監督が前橋から訪ねてきて「戦時中、前橋に飛行場があったんだって。今はイオンになっているところだ。それを映画にしようと思っている」と言う。飯塚さんは、小川紳介監督がカリスマ的にスタッフを率いた小川プロで、小川監督の助監督を長年、務め上げた穏やかで真面目な方だ。〈記憶を記録に〉、つまり公文書保存という地味だが重要なテーマを一本の映画にしたいとのことだった。完成された作品を見ると、当時を知る多くの人々へのインタビューが全体の流れの中で活かされている。完成度が高いと思った。見事な構成と編集である。ベテラン編集者、鍋島惇*さんの力量に頼るところも大きい。

小中学校での映画教室の復活を！

ところで、この文章はパソコンで書いている。書類はほぼ一〇〇パーセントをコンピュータで作成するのが日常となり、業務上のやり取りの多くはeメールであり、電

＊三里塚闘争（さんりづかとうそう）
千葉県成田市の農村地区名称である三里塚とその近辺で一九六六年以降継続している、新東京国際空港（成田国際空港）の建設・存続に反対する闘争（紛争）のこと。成田闘争とも呼ばれる。

＊『陸軍前橋飛行場　私たちの村も戦場だった』
日本映画・二〇一八年製作・一八年八月四日公開。監督：飯塚俊男（ドキュメンタリー）。

＊飯塚俊男
一三六頁の脚注参照。

＊鍋島惇（なべしま・じゅん）
映画編集者（一九三六年―）。『団地妻・昼下がりの情事』（七一年）以降、多くのロマンポルノ作品の編集を担当。山本薩夫、原一男、佐藤純彌、大林宣彦などさまざまな監督作品の編集を手がける。飯塚俊男監督の『プッチーニに挑む　岡村喬生のオペラ人生』（二〇一二年）も担当。

話やファックスはぐっと少なくなっている。会社を始めた頃にファックスとワープロが登場したのだが、それが、つい最近のことだったように思い出す。辛うじて間に合ったために、コンピュータを日常的に使えるようになったとはいえ、テンプレート、コーデックなどわけの解らないカタカナによるコンピュータ用語が出てくるのは日常茶飯事であり、画面に対処できない操作が現れるとお手上げだ。そうすると常に「タカハシ！」とまだ三〇歳台のスタッフ高橋芽惟にSOSである。イヤな表情ひとつせずに、年寄りからの呼び声に対応してくれるので、頼り切っている。

映画も僅かに三五ミリフィルムでの上映は残っているが、今や一六ミリフィルムは滅多に登場の機会がない。デジタルが普及し、撮影機材も上映方法も簡便になったためか、製作・公開される映画は年を追うごとに増える一方だ。つい数年前には、スマホで撮った映画が公開され、2Kや4Kなどのデジタルリマスター版での上映や、喫茶店やレストラン

『ジプシー・フラメンコ』

『陸軍前橋飛行場　私たちの村も戦場だった』

を〈映画館〉にしてしまうシステムも開発され、誰もが映画をつくり上映も可能な時代が到来しているのだ。昨年、一昨年ともに、映画の公開本数は一〇〇〇本を超えている。映画の配給業務は機械化やマニュアル化できない面が多いのだが、丁寧に取り組むゆとりのないケースも多いために、一本の寿命が短くなっているのも事実だ。今後、全国数百館規模で公開する映画と、一〇館くらいで公開する映画との二極化が加速するのではないだろうか。そして、映画にはもう一つ大きな課題がある。観客層の高齢化だ。フランス映画社の柴田社長がつねづね提唱していたように、観客育成は配給の責務だと思う。だが、今や観客育成は配給だけにとどまらず、映画業界全体の課題、ひいては国家規模により長期的ビジョンに基づいて取り組むべきテーマではないか、とさえ思うようになっている。映画は子どもたちの成長に必要である。大勢が大スクリーンに向かって一緒に映画を見る、それは特に一〇代にとっては貴重な体験となるのではないだろうか。かつては全国どこの小中学校でも、映画を鑑賞する機会である〈映画教室〉があった。九〇年代にそれは廃止されてしまったのだが、この機会に小中学校での映画教室の復活を強く要望し、観客育成への大きな第一歩が実現することを願って本書の筆を止めることにする。

あとがき

歴史にifはない。人生にもifはない。本書を書いている間中、負け惜しみのように時折考えていた。だが、唯一〈すきな〉映画に出会い、それを仕事とすることができたことだけはラッキーだったと思っている。

『neoneo』での連載中から単行本になるまで、そして、本書を仕上げるためにしわ寄せを被ったプロジェクトの関係者を始め、多くの方々にお世話になった。『neoneo』編集部の伏屋博雄前編集長と佐藤寛朗現編集長、単行本の骨子をつくっていただいた原島康晴さんと小林俊道さん、そして根気よく最後までお付き合いいただいたキネマ旬報の青木眞弥さん、デザイナーの日沼新介さん、梅津由子さん、現代書館の菊地泰博社長とスタッフの方々、何度も校正をしてくれたパンドラのスタッフ。どうもありがとうございました。これからも見捨てずにお付き合いくださいますようお願い致します。そして最後に、映画と観客の方々に心からの感謝を伝えたい。

二〇一八年九月二〇日　中野理恵

2013年　『ザ・フューチャー』ベルリン国際映画祭銀熊賞候補
2013年　イタリア映画傑作選〈Viva! イタリア〉
2013年　『おじいちゃんの里帰り』シカゴ国際映画祭観客賞、ドイツアカデミー賞銀賞
　　　　&脚本賞他
2014年　〈パラジャーノフ生誕90周年記念映画祭〉
2014年　『ジプシー・フラメンコ』（ピカフィルムと共同配給）山形国際ドキュメンタリー
　　　　映画祭正式出品
2015年　『ゆずり葉の頃』モスクワ国際映画祭正式出品
2016年　『シアター・プノンペン』東京国際映画祭国際交流基金アジアセンター賞
2016年　『不思議惑星キン・ザ・ザ』（キングレコードと共同配給）
2017年　『百日告別』金馬奨最優秀主演女優賞他
2017年　『娘よ』クリテイユ国際女性映画祭観客賞他
2017年　『Viva! 公務員』イタリア映画記者協会賞最優秀プロデューサー賞他
2017年　『笑う故郷』ヴェネツィア映画祭最優秀主演男優賞他
2018年　『花咲くころ』
2018年　『結婚演出家』（伊）ゴールデングローブ賞最優秀作品賞、最優秀撮影賞他
2018年　『いのちの深呼吸』
2018年　『禁じられた遊び』（米）アカデミー賞名誉賞(後の最優秀外国語映画賞)他
2018年　『まぼろしの市街戦』
2018年　『アンナ・カレーニナ　ヴロンスキーの場合』ゴールデン・イーグル賞最優秀美術賞他
2019年予定〈クリス・マルケル特集〉

【主な発行書籍】

『ピンク・トラインアングルの男たち』著者：H・ヘーガー　訳：伊藤明子
『白石かずこの映画手帖』著者：白石かずこ
『コリン・マッケンジー物語』著者：Derek A Smithee　訳：柳下毅一郎
『三分間の詐欺師　予告篇人生』著者：佐々木徹雄
『映画の天使　対談　淀川長治VS宮川一夫』著者：宮川一夫＋淀川長治
『新装版　いのちの女たちへ－とり乱しウーマン・リブ論－』著者：田中美津
『美の魔力　レーニ・リーフェンシュタールの真実』著者：瀬川裕司　芸術選奨新人賞（評論部門受賞）
『日本映画検閲史』著者：牧野守
『韓国映画躍進の秘策　韓日文化交流の新時代』著者：金鍾文
『満映　国策映画の諸相』著者：胡昶＋古泉
『映像を彫る　撮影監督宮川一夫の世界』著者：渡辺浩
『私は銀幕のアリス　映画草創期女性監督アリス・ギイの自伝』編：ニコル＝リーズ・ベルンハイム　訳：松岡葉子
『虹の彼方に　レズビアン・ゲイ・クイア映画を読む』責任編集：出雲まろう

パンドラの主な仕事

【主な配給作品】

1988年　『ハーヴェイ・ミルク』米アカデミー賞最優秀長編記録映画賞他

1989年　『X指定』

1990年　『100人の子供たちが列車を待っている』ラテンアメリカ映画祭最優秀記録映画賞他

1994年　『虹のアルバム　僕は怒れる黄色』

1995年　『日陽はしづかに発酵し…』

1995年　『レニ』国際エミー賞他多数

1995年　『ロシアン・エレジー』山形国際ドキュメンタリー映画祭観客賞

1996年　『ナヌムの家』山形国際ドキュメンタリー映画祭小川紳介賞

1997年　『百合の伝説』

1998年　『ナヌムの家 II』

1998年　『ビヨンド・サイレンス』東京国際映画祭グランプリ・（米）アカデミー賞外国語映画賞候補他

1999年　『八月のクリスマス』

1999年　『こねこ』

1999年　『ラン・ローラ・ラン』（コムストックと共同配給）

2000年　『追憶の上海』

2000年　『息づかい』

2000年　『フルスタリョフ、車を！』ニカ賞（ロシア・アカデミー賞）最優秀作品賞、監督賞、撮影賞、美術賞、衣装賞、音楽賞他

2001年　『不思議惑星キン・ザ・ザ』ファンタスポルト映画祭審査員特別賞・ニカ賞音楽賞他

2002年　『ラスト・プレゼント』

2003年　『エルミタージュ幻想』サンフランシスコ映画批評家協会賞・ニカ賞最優秀衣装デザイン賞他

2003年　『美しい夏キリシマ』03年度キネマ旬報ベストテン日本映画第一位他

2006年　『旅の贈りもの　0：00発』

2007年　『プライド in ブルー』（共同製作・配給）

2007年　『ミリキタニの猫』06年トライベッカ映画祭観客賞他

2008年　『チェチェンへ　アレクサンドラの旅』アメリカ映画協会 peace for award、最優秀ヨーロッパ作品賞最優秀ヨーロッパ女優賞他

2009年　『ボヴァリー夫人』モントリオール世界映画祭グランプリ受賞他

2009年　『ピリペンコさんの手づくり潜水艦』山形国際ドキュメンタリー映画祭観客賞

2010年　『アイ・コンタクト～もう1つのなでしこジャパン　ろう者女子サッカー』（共同製作・配給）

2011年　特集上映〈ヘルツォーク特集〉ヴェルナー・ヘルツォーク監督10作品の上映

2012年　『イエロー・ケーキ　クリーンなエネルギーという嘘』大西洋自然と環境フェスティバル最優秀記録映画賞他

2012年　特集上映〈タルコフスキー生誕80周年記念映画祭〉

〈パンドラ創立31周年特集上映〉のチラシ

中野理恵（なかの・りえ）
1950年静岡県出身。1987年に(株)パンドラを設立して現在に至る。視覚障がい者が映画を見る機会を作ることに力を注ぎ、2002年に日本初の商業劇場での副音声付上映を実現させた。共訳書に『ディア　アメリカ－戦場（ベトナム）からの手紙』『アダルト・チルドレンからの出発－アルコール依存症の家族と生きて』（ともに現代書館）、共著に『女が子どもを産みたがらない理由』（晩成書房）、『買う男、買わない男』（現代書館）、『現代ロシアを知るための60章』（明石書店）など。

すきな映画を仕事にして
2018年10月25日　第1版第1刷発行

著者　中野理恵
発行者　菊地泰博
編集　キネマ旬報社
印刷所　平河工業社（本文）
　　　　東光印刷所（カバー）
製本所　鶴亀製本
装幀　日沼新介（カバー）
　　　梅津由子（本文DTP）

発行所　株式会社現代書館
〒102-0072 東京都千代田区飯田橋3-2-5
電話 03(3221)1321　FAX 03(3262)5906
振替 00120-3-83725　http://www.gendaishokan.co.jp/

ISBN978-4-7684-7648-2
定価はカバーに表示してあります。乱丁・落丁本はおとりかえいたします。

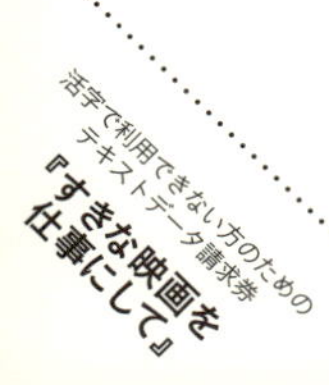